山口弥一郎のみた東北

津波研究から危機のフィールド学へ

内山大介・辻本侑生

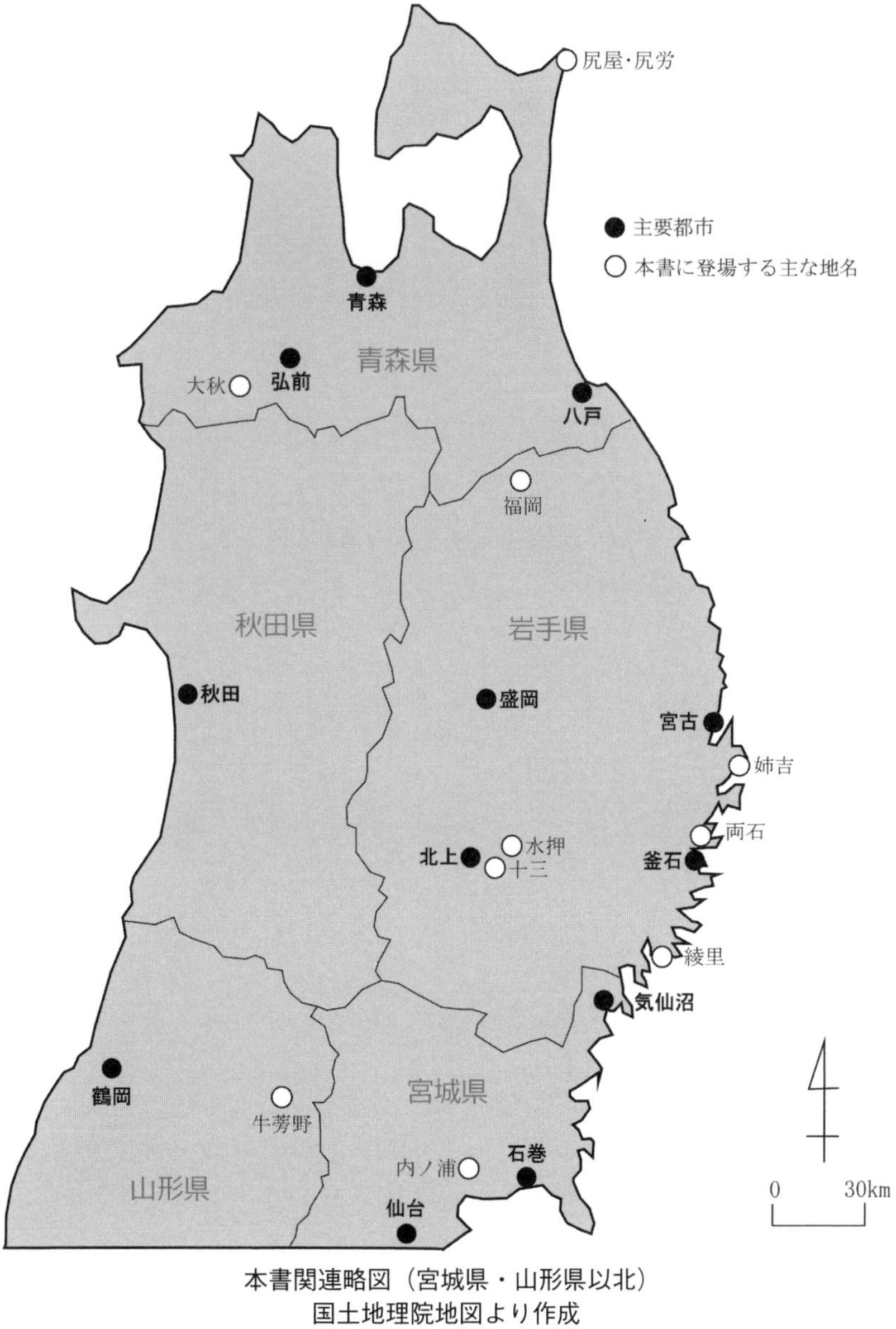

本書関連略図（宮城県・山形県以北）
国土地理院地図より作成

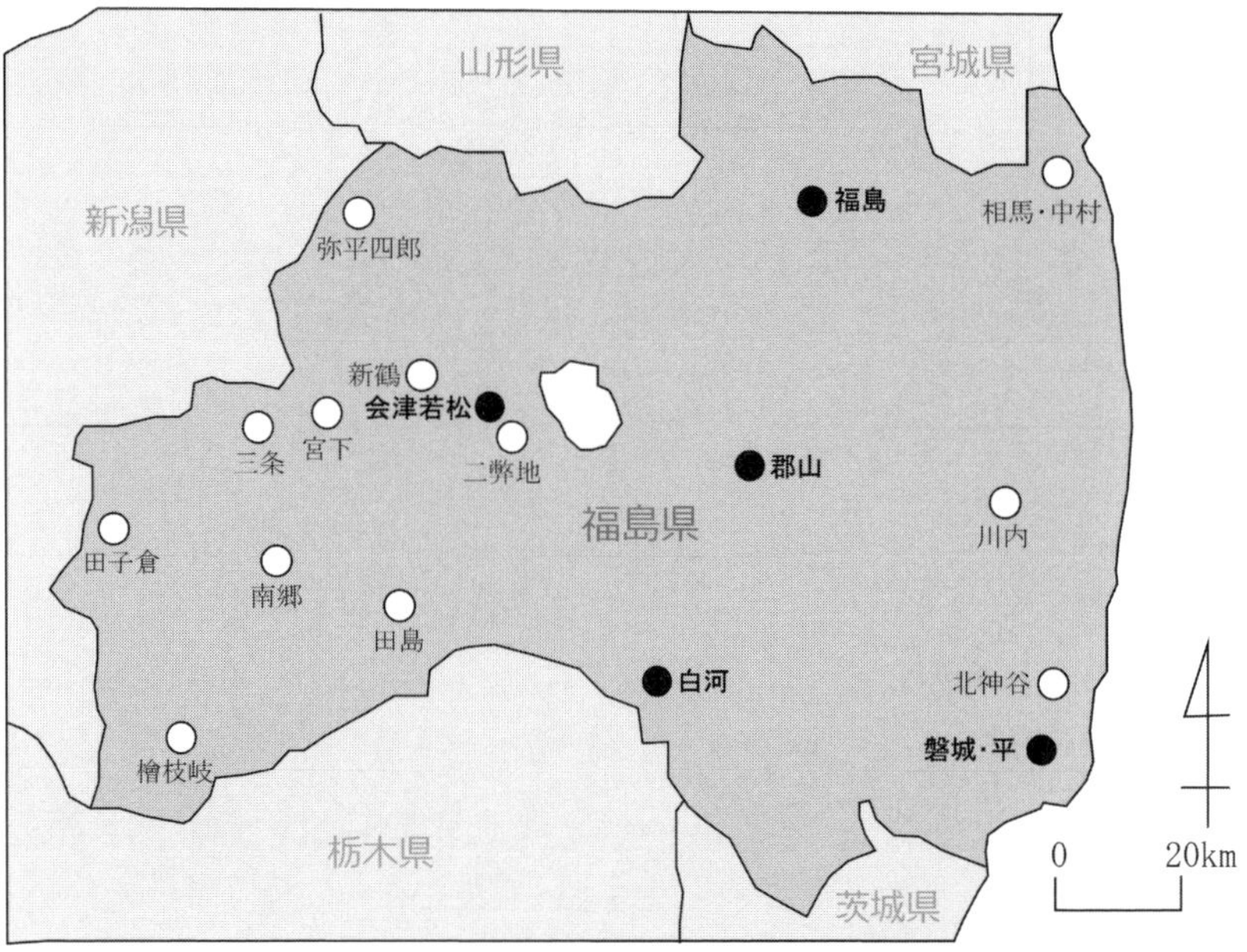

本書関連略図（福島県）
国土地理院地図より作成

目次

〈執筆担当〉

序　章　（1）・（3）内山　（2）辻本

一　（1）・（3）・（4）・（5）内山　（2）辻本

二　（1）～（4）辻本

三　（1）～（5）内山

四　（1）～（4）内山

五　（1）～（4）内山

六　（1）～（4）辻本

終　章　（1）内山　（2）辻本

序章　本書のねらい

（1）山口弥一郎とそのイメージ

平成二三年三月十一日、マグニチュード九・〇という日本の観測史上最大規模を観測した東北地方太平洋沖地震が発生し、大津波と原子力発電所の事故を引き起こした。「未曽有」「一〇〇〇年に一度」などと形容された大災害であったが、実際には東北の三陸地方ではそれより五一年前の昭和三五年五月にはチリ地震津波が起こっているし、さらに遡れば昭和八年三月三日には昭和三陸地震、明治二九年六月十五日には明治三陸地震が発生し、それぞれ津波により多数の犠牲者を出している。なかでも明治と昭和の二度にわたる三陸津波後の被災地を丹念に歩き、その被害と復興のありようを暮らしの現場から描いたのが山口弥一郎（一九〇二〜二〇〇〇）の『津浪と村』であった。この本は昭和十八年に刊行されたものであるが、東日本大震災発生からわずか三か月後に石井正己・川島秀一によって復刊されたことで大きな注目を浴びた。それまで山口弥一郎という人物は、一般に名の知れた人物でもなければ、学問の歴史に深く名を刻んだ人物でもなかった。しかし、『津浪と村』の描いた世界は震災後の地域を語るうえで大きなインパクトを与え、著書とともにその名は広く知られることとなった。

こうした経緯から、おそらく読者のほとんどが山口のことをご存知でないか、あるいは津波研究者としてのイメージをお持ちであろう。しかし、例えば『山口弥一郎選集』（全十二巻・別巻一）からその足跡をたどってみても、生涯にわたって様々な立場から生み出した数多くの業績を確認できる。例えば戦前の炭鉱集落の研究、昭和初期の東北に頻発した凶作と廃村に関する調査、戦中戦後の動乱期に翻弄される農村をその内側から明らかにする取り組み、ダムに沈む村などの戦後開発の波にのまれる地域の調査など、いくつもの現実社会の問題に対してそれらの応用を試みた実践者でもあった。また山口は定年までのほとんどの時期を学校教員として奉職するなかで、生徒と一緒にフィールドワークを進めたり、郷土の研究組織を牽引した。その一方で中央の学会や研究者とも深くつながりつつ、晩年には大学にも籍を置いてアカデミズムの世界でも活躍するなど、様々な立場で独自の研究スタイルを貫いたのである。そこで本書は、山口弥一郎という人物をより深く知ってもらうこと、さらに三陸津波の研究者という枠には収まり切らない多様な「顔」を通じてそのイメージを相対化することを大きな目的として内容を構成した。

山口弥一郎旧蔵資料（磐梯町蔵）

またそのために筆者らが活用した資料が、「山口弥一郎旧蔵資料」（本書では「旧蔵資料」と呼ぶ）である。山口は生涯にわたる調査・研究・教育活動から社会実践までを物語る膨大な資料を残しており、それらは没後に福島県磐梯町に寄贈された。磐梯町と福島県立博物館は協約書を取り交わし、特に福島県立博物館では蔵書を除く資料の整理・調査事業を進めた。そこにはフィールドノートをはじめ、原稿・メモ・写真・印刷物等が入った封筒や紙袋、さらに調査カードや手帳類、写真、映像、手紙など、多種多様な資料が含まれている。筆者らはその整理を進め、概要は『山口弥一郎旧蔵資料調査報告書』にまとめて刊行した。本書はその成果を利用しつつ、さらに資料相互の関係性と同時代的な意義を浮かび上がらせることで、山口弥一郎の研究や実践を通時的に読み解こうとするものである。

（2）本書の方法

本書が取り上げる山口弥一郎については、地理学史の視点から竹内啓一が取り上げており（竹内一九九五、Takeuchi二〇〇〇）、アカデミックな地理学にとどまらない山口の研究の独自性を、フィールドの人々の「地理的イマジネーション」に着目した点から評価している。また、東日本大震災後には、民俗学（川島二〇一二）や都市史（青井二〇二〇）の視点から、山口の津波研究への再評価が集まっている。このほか、山口個人の軌跡について取り上げた文章は、没後の追悼文のほか、旧蔵資料の寄贈を受けた磐梯町によるもの（磐梯町編二〇〇七）、ご子息の山口大二郎氏によるもの（山口二〇一二）など、多数にわたる。

これらの先行研究や著述は、原則として山口の公刊された著作や論文をもとにしたものである。それに対して、本書の特徴は、山口の公刊された著作や論文に加え、山口が残した膨大な旧蔵資料を整理し、フィールドノートや収集資料、日記・書簡等の一次資料をもとに、山口の研究実践を明らかにしている点にある。これは菊地暁が述べている「フィールドとデータとアウトプットの三点往還、三角測量というアプローチ」（菊地二〇一二）にも近いものであり、公刊された成果物のみならず、フィールドワークの過程で生み出されたノート・メモ・書簡等の幅広い資料を往還することで、過去の調査実践をより立体的・複眼的に考察することを目指している。近年では、フィールドワークに関わる諸学問において、著名なフィールドワーカーの旧蔵資料が保管・整理され、それらを参照しながら学史研究を行うことが多くなっている。民俗学に限っても、橋浦泰雄（鶴見二〇〇〇）、桜田勝徳（中野編二〇一六）など、研究者旧蔵資料を活用した研究が蓄積されている。

学史研究を行うにあたって、公刊された著作以外に旧蔵資料を活用することのメリットは多岐にわたるが、筆者らとしては、以下の三点を想定している。一点目は、研究者の調査実践について、フィールドノートにまで立ち戻って検討することで、公刊された著作がどのような過程で制作されたのか、批判的な視点を含めて検証できる点である。二点目は、活字に現れないような研究者自身の試行錯誤や悩み・葛藤を、残された日記や書簡等から明らかにすることにより、過去の研究者の実践を当時の社会的背景・文脈に位置づけて分析し、今を生きる研究者が参考にすることができる点である（中野二〇一六）。そして三点目は、旧蔵資料には研究者個人に関わる資料にとどまらず、研究者が収集した膨大な調査研究資料が含まれており、それ自体のアーカイブ的意味も大きく、またその研究者の研究を当時の学術・社会的文脈から位置づけなおすことが可能となる点である。

ただし、研究者旧蔵資料は、資料を保有していた当該研究者自身や、その研究者のインタビューに応じた当時のインフォーマントが、後世の研究者に対してまで資料を公開することに承認・同意していないケースがほとんどであり、その利活用にあたっては研究倫理上の課題もみられる。本書では山口の収集したフィールドデータそのものの検討・分析はほとんど行っていないが、未公表調査データを活用する際は、当時のインフォーマントやその遺族に不利益が生じないよう、必要に応じて個人名を秘匿する等の対応が必要である。また、山口個人の日記・書簡等の活用にあたっては、山口本人の同意を取ることは困難であるため、旧蔵資料を寄贈されたご遺族に事前に原稿をご確認いただいた。

（3）構成と目的

本書ではこうした研究や実践を跡づける一次資料としての旧蔵資料を中心にしながら、著書や論文をはじめとする膨大な刊行物も活用して山口の研究者人生をとらえ直した。基本的には生まれてから亡くなるまでの山口の生涯を時系列で追いながら、時期ごとの取り組みの内容や意義を紹介しているが、一方でテーマごとにまとめた記述も併せて心掛けたため、部分的に年代が前後している箇所もある。全体を通してお読みいただければ山口弥一郎という人物の事蹟を体系的に把握できるであろうし、また関心のある章だけを読んでいただいても、個々のテーマに山口がどう取り組んだかを理解することが可能である。

第一章では福島県の会津で生まれてから地理学・民俗学といった学問と出会い、教師としての生活をスタートさせながら本格的に研究にも打ち込むようになる時期を紹介した。第二章では福島県の磐城と岩手県の北上で教員生活を送った昭和戦前期を中心に、津波や凶作、人口問題などの東北における現実問題に正面から向き合った時期を取り上げている。津波被災地の調査を進めて『津浪と村』を著した時代であるが、それだけでなく多様な同時代的課題に取り組み、また研究者としても大きく飛躍したのがこの頃といえる。第三章は山口が人生のなかでも最も深く思い悩んだと言っていい戦中・戦後を取り上げた。この時期に行った独自の調査実践はこれまでほとんど顧みられることがなかったが、山口が深い悩みを抱えつつ試行錯誤を繰り返したその成果は、フィールドワークという営為そのものについて改めて問い直す契機となるだろう。

第四章は戦後に帰郷して地元・会津で教員をしながら進めた様々な活動を追う。主に学校における女子教育と農村における青年教育を取り上げ、双方が互いに交差する点に山口のフィールドワーク実践があったことを述べている。第五章は会津での教員生活から東京へ移住して大学教員として活動する時期で、特にこの頃活発に行っていた地域学会による活動や文化財行政における公的調査への関わりを紹介した。第四章と第五章は、いずれも教え子や後輩たちを連れたフィールドワークを積極的に進めた時期であり、広い意味での山口の教育観が実践に表れている。また併せて、山口が戦前期から持ち続けていた地域課題に対する学問的な使命感と、その実践の形の変遷をみてとることができる。さらに第六章は東京に移住して大学教員となり、アカデミズムの世界で行った教育や研究、そして晩年にかけて進めた自身の研究の集大成としての活動を取り上げた。海外研究を本格的に行い、さらに退職後には帰郷して自らの研究を振り返りつつ、著書も意欲的に刊行している。晩年になっても衰えることのなかった山口の研究者としてのバイタリティが感じられるであろう。

　山口は自身の専門を振り返るとき、地理学と民俗学を挙げることが多かった。大学での専門教育を受けていないながらも、田中館秀三（地理学）と柳田国男（民俗学）という二人の人物に師事したことがその背景にある。しかしそれだけにとどまらず、実際には本論で示した通り社会経済史学や農村社会学、時には考古学や古代史までも取り込みつつ、多様な学問分野を往還しながら独自のスタイルで研究を進めた。サブタイトルにもある通り、それを本書では「危機のフィールド学」と位置づけた。その意図は本論および終章を参照していただきたいが、山口は生涯にわたりフィールドを重視した。そして常にフィールドから課題の本質を見出し、フィールドで考え、フィールドから発信した。こうした実践は、災害に関わらず現代の地域課題、生活課題を見直すうえでも大きな示唆を与えてくれる。一方で学問の実践性を考える上でも重要であろう。特に人文科学的な調査・研究（インプット）とその成果の還元・活用（アウトプット）が、現実の社会や問題に対してどう貢献しうるかという問いは、山口が生涯にかけて持ち続けたテーマであり、古くて新しい課題として今なお問われ続けているものでもある。山口弥一郎という一人の人物の生涯にわたる取り組みに、現代的な諸問題を投影しながらお読みいただければ幸いである。

一　学問との出会い

（1）新鶴村の生家と学生時代の山口弥一郎

明治三五年五月十三日、山口弥一郎は福島県大沼郡新鶴村《にいつる》（現・会津美里町）新屋敷新田の山口家に、父・慶造、母・キヨの長男として生まれた。母の里帰り出産であったため、実際に生まれたのはそこから十二キロほど離れた旧坂下村（現・会津坂下町）の山村、朝立にあったキヨの実家である。新屋敷新田は通称「新田」と呼ばれ、会津若松の城下町から西北に約十キロ離れた会津盆地の西端に位置する農村である。元和九年に新屋敷集落の端村として開村した新田開発のムラで、近世の山口家は通称「おやかっつぁま」と呼ばれる肝煎《きもいり》（名主）を務めた旧家であった。先祖は山内又七郎を名乗り、もとは中世の会津山間部に勢力を持った山ノ内家一族の家臣で、明暦期頃に山口の姓に改めたという（笠井二〇一四）。少年・弥一郎の暮らした明治・大正期の山口家はそうした歴史ある古い家の面影を残していた。屋敷には土蔵や中門《ちゅうもん》造りと呼ばれる曲屋の母屋があり、また南側には代官や神官が家に入る際に使ったという踏み石や濡れ縁があった。また屋敷の周囲には土塁や樹齢二〜三〇〇年の巨木を配した屋敷林が残されていた（山口一九八四）。農家の長男として、弥一郎は子供の頃から厳しく躾けられ、跡取りとしての教育を受けていた。またこの地域には、いわゆる「肝煎縁組」と呼

若き日の山口弥一郎とその家族（磐梯町蔵）

ぶ同等な家格の家どうしで縁組をする慣習があった。母・キヨもまたこうした肝煎を務めた家で生まれ、若くして嫁に来た人であった（山口一九七五ａ）。

新田集落は北と南に二〇余戸ずつ分かれており、北新田の中央を東西に道が走り、その脇には「街道堀」と呼ばれた用水路が流れていた。夏には蛍が飛び交い、秋には雑魚を掬ってとるなど、街道堀は子供たちの格好の遊び場であった（山口一九九二）。少年・弥一郎は「せっしょう（殺生）おんつぁま」などと呼ばれたほど、小魚とりに夢中になって遊んでいたという（山口一九九五ｂ）。

このように会津の農村の由緒ある家の長男として生まれた弥一郎は、病弱な子供であった。母・キヨもまた、弥一郎を生んで間もなく過労のせいか乳が出なくなり、やせ細っていた。これでは子供が健康に育たないと考えた祖父が、隣村・宮ノ下の八幡宮にいた神がかりのする神職を呼んで祈祷を頼み、弥一郎は「八幡様のとりご」になった（山口一九八一ｂ・一九九二）。トリゴとは民俗学でいう「擬制的《ぎせいてき》親子関係」にあたる習俗のひとつで、体の弱い子供の健やかな成長を願って儀礼的に生児を捨て、宗教者に拾ってもらう。このとき別の名を受けたり、一生の付き合いを続けたりするが、弥一郎は「正一（まさかず）」の名をもらったといい、成長してからも親族には弥一郎をまさかずと呼ぶ者もいた。

小学校に入る頃までは体が弱く、母はオシンメイサマを持ったワカに祈祷を頼んだこともあった。東北にはオシラサマやオコナイサマなどと呼ばれる二体一対の木製の神像が各地に伝わっているが、福島県内ではそれをシンメイとかオシンメイサマと呼び、男女一対の木像が信仰の対象となってきた。またワカ（ワカサマ）は地域で活動する民間の宗教者で、吉凶の占いや神おろし・仏おろしによる口寄せなどを主な仕事とし、オシンメイサマを祀り、祈祷する者も多かった。ワカから「この子供は長生きしない」と言われ、まじないをしてもらったという。父・慶造が病気になった時にも、母は密かに会津若松のワカに拝んでもらい、お告げを聞きに行っていた。母の都合がつかず行けない時には、代わりに弥一郎が学校帰りに聞きに行ったこともあったという（山口一九八一b）。

さらに幼い頃、弥一郎は妹を亡くしている。妹が数え年三歳ほどの頃、田植えの時期に家の裏にあった池で溺れて命を落とした。母はその魂が道に迷わぬようにと、一尺四方ほどの布切れの四隅を竹で支えたものと、小さい手柄杓を村の堀端に置いた。通りすがりの人に水をかけてもらうと迷わないのだといった（山口一九八一b）。川施餓鬼《せがき》の一種であるこうした供養の方法を、民俗学では「流れ灌頂《かんじょう》」と呼んでいる。

このように山口は、近世以来の伝承的な生活文化が豊かに息づいていた環境のなかで生まれ育った。当時はまだ幕末の記憶がある人々も多く、古老の昔語りとしてよく聞いていたという。日頃から囲炉裏のヨコザ（横座）は家の主人以外は座らない権威ある場所であったし、毎日の食事は麦飯か里芋のカテ飯であった（山口一九八四）。一方で、肝煎を務めた家として日々の暮らしには前近代的な遺習が色濃く残り、時に山口の研究者人生にも大きな影響を与えた。自らの生まれた境遇について、後に山口はこう語っている。

ここで、最も大きな、一生つきまとった長男としての封建的重責の、負いきれないほどの苦難がはじまった。これは全く私の個人的境遇で、一般に語るような類ではない。父が哲学的宗教観にめりこんでしまって、財産の湯尽を意としない行状がはじまったのである。第二次大戦の勃発と終戦、妻の死と、身辺に起こった苦難が重なったが、研究・精進の一筋の道に支えられて、よくここまで生き抜いて来られたものであると思う。

（山口一九八四：はじめに）

山口は自身がつくった年譜の明治四四年の項に「父発病、一生の重荷となる」と記している（山口一九八〇ａ）。数え年十歳の頃、父が酒に酔い大声で怒鳴りながら帰宅した際、普段は怒ることのない祖父が激しく叱りつけた光景を、後年まで山口は記憶していた（山口一九八四）。自身の母が若くして亡くなったことも一因にあったというが、父・慶造はこの頃から精神を病むようになったのである。酒浸りとなって家財を蕩尽したかと思えば、一方で漢書・仏書を読みふけり、「碧岩禄」にのめり込んでこれを実践しようとするなど、「常軌を逸するような生活態度」になったという（山口一九七五ａ）。この父との関係は、青少年期や戦後に帰郷した時期を中心に、山口の人生において非常に大きな影響をおよぼすことになった。

明治四二年に山口は新鶴第一小学校に入学した。父をはじめ親類からは農家の長男として早く家を継ぐように言われていたが、その一方で進学を進める者もいた。東京帝国大学経済学部を出た母の弟に、「中学くらい出ておかないと、村長にもなれないぞ」と励まされており、山口はこの叔父の影響を強く受けていたという（山口一九九五ｃ）。小学校卒業後に中学校に進学することを希望したが果たせず、新鶴第二小学校の高等科に入って二年間学んだ。その後、大正六年には家族に相談もせず密かに県立会津中学校を受験して、父も承諾する形で進学を果たした。

中学時代の山口は、校内でも目立った活動に関わるようになり、少しずつその才覚を表していった。在学中は弁論部で活動し、中学五年のときに来校した元会津藩士で理学博士の山川健次郎と地理学者の山崎直方による講演会の内容を筆記して、同校学而会発行の『学而会雑誌』に寄稿するなど、既に学問的な関心も高く持っていた（五十嵐二〇〇〇）。当時の会津中学は若松城（通称鶴ヶ城）の一郭にあり、まだ生徒のなかに旧会津藩士の家系の者もいた時代であった。学校行事として戊辰戦争の西軍墓地に参拝させるなどした校長に対し、生徒たちは排斥運動を起こした。山口もこの運動に参加し、二度にわたって退学届を出したことがあったという（山口一九九五c）。また中学五年の時には県の柔剣道大会で応援団長を務めるなど、多方面に活発な活動をして過ごした中学時代だった。しかし五年生の秋、試験勉強に備えて猛勉強をすると倒れてしまった。腸チフスのために入院し、発熱が続いて二週間ほど意識不明であったという（山口一九八四）。年が明けるまで引きずった病の影響で、入試どころか卒業まで危ぶまれた状態であった。それでも何とか中学卒業までこぎつけたものの、順位は末尾であった。家のこともあり、ようやく入れたのは福島市の福島県師範学校の本科第二部であった（山口一九九一a・一九九五d）。

大正十二年三月に一年の終業年限を終えて卒業すると同時に小学校本科の教員免許を取得し、四月には実家にも近い坂下町の坂下尋常高等小学校の訓導に着任した。しかしこの年、山口は一年間の兵役を経験している。若松の歩兵第六五連隊に所属し、翌年に職場へ復帰した。四年生を担当して、実家から自転車で通勤していた（山口一九九五e）。同校には、小さな子供を背負って登校する児童や、イナゴとりをして学級費の足しにする児童など、苦労しながら通う子供たちも多く、そこには自身の小学生時代と同じような光景があった。この年の秋に、山口の母親の姉の長女で同じ小学校教員であった一歳年下のハルエと結婚した。

就職・結婚と順風満帆に進んでいたように見える山口の人生であるが、実際には、山口の内面にはこの頃から悩みや葛藤がみられた。歩兵第六五連隊に所属していた大正十二年には『親を裏切る者』というタイトルで、自身の悩みや父との関係における葛藤を投影した私小説を記しているが、そこには次のような一節がみられる。

俺に果して教育者の自信があるか。俺にはあの純な児童を教育する事が出来るのか。俺のこの空虚なすみたれなみにくい姿と心とを以つて果して純な聖者の前に教鞭をとる事が出来るのか。反つてあの純なものを傷けはしないだらうか。お丶こんな悶があるのにまだ修養の足りない自分を社会が仮りに認めた一片の経歴と辞令とを以つて羞しさなく平気で教壇に登り得るのか。女性に対して何んの理解ももたない自分がまだまだ子供を教育する自信のない自分がどうしてもはや結婚の問題を悠々話し得ようか。

山口は、教職の道を歩み始めて間もない時から既に、教育そのものについて、自分自身の問題への内省とともに、葛藤を抱いていたのである。

(2) 炭鉱集落研究と田中館秀三への師事

大正十四年十月、山口は会津中学校時代の恩師、桜井賢文《まさぶみ》に請われて、坂下尋常高等小学校から石城郡平町《たいら》（現・いわき市）の磐城高等女学校（以下、磐城高女）へと転任した。山口は数学の能力を買われて転任したものの（山口一九九五e）、すぐさま地理学で「文検」の受験をする準備を始めた。「文検」とは文部省中等教員検定制度のなかで行われた検定試験のことである。文検の出題内容は、当時のアカデミック地理学の動向とかなり関連しており、文検の試験対策をすることが即ち、アカデミックな地理学者としての訓練を積むことにもつながっていたのである（佐藤一九八八）。

山口は文検に向けてどのような勉強をしたのだろうか。後年の回想によれば、辻村太郎の『地形学』や山崎直方の講義録をテキストに勉強していたというが（竹内一九八六）、大正十五年に記された二冊のノート、「文検問題解答1〜18」、「文検問題解答19〜40」をみると、過去の文検で出題された問題と、それに対する回答案が示されており、過去の試験問題を解く形で受験対策をしていたことがうかがえる。ノートに記されている過去の試験問題は、例えば次のようなものであり、自然地理・人文地理に関する特定のテーマについて、自身の知るところを記述したり、地図を書いて説明したりすることを求める形式であったことが分かる。

・カラフトの住民に就きて記せ（第十八回予試）
・湖水の定常振動とは何ぞ（第十八回本試）
・津波の起因を問ふ（第十九回予試）

・イギリス領印度の図を画き左の地名を記入せよ（第十九回本試）

山口の回想によれば文検は八〇〇人程度の応募者のうち、一次試験・二次試験を経て十人程度まで絞られ、三次試験が面接形式で行われた（竹内一九八六）。その時の試験官の一人が山崎直方であり「ゴムのプランテーションの絵葉書を見せて、「何の写真か、場所はどこか」という質問」（竹内一九八六）をされたという。

こうして、約八〇倍以上もの高倍率を突破して文検に合格した山口は、雑誌『文検世界』に「地理科受験感想」（山口一九二八）と題する合格体験記を寄稿した。旧蔵資料をみると、この記事を読んだ文検を地理科で受験する教員数名から、山口のもとに問い合わせの手紙が届き、どのような教科書で勉強すればよいのか、ノートをどのようにつくればいいのかなど、質問が寄せられている。

「文検」合格後、山口は地理学の研究者としてのキャリアを本格的に歩み出していく。その端緒となったのが、炭鉱集落の研究である。磐城高女への赴任とともに平町に暮らし始めていた山口は、「ズリ山」と呼ばれる採掘物の小山が各所にみられる、炭鉱町として栄えた磐城の街の風景に関心を惹かれ、調査を進めていった（山口一九九五f）。これらの調査成果は、昭和六年の「常磐炭田に於ける炭鉱集落の構成」（山口一九三一）にはじまり、昭和七年には「炭鉱集落移動の位置様式」（山口一九三二）、昭和八年には「常磐炭田における炭鉱集落と飲料水」（山口一九三三）など、複数の論文

宇部炭鉱の調査（磐梯町蔵）

にまとめられている。旧蔵資料をみると、ちょうど炭鉱調査を始めた頃から番号付きのフィールドノートが残されている。炭鉱地帯各地で鉱脈や集落、さらには井戸の位置などを丁寧にスケッチしつつ、炭鉱で働く人々に対して、飯場の仕組みや炭鉱内で用いるローカルな語彙（特に落盤等の危険を知らせる語彙など）に関する聞き取りも行っており、民俗学的な関心の萌芽も既に現れていることがうかがえる。

　また、磐城以外の炭鉱地域における調査も始め、昭和六年八月には北海道・樺太の炭鉱集落を訪問し、翌昭和七年七月には宇部・朝鮮寺洞・中国撫順、昭和九年七月には筑豊・三池・台湾の炭鉱も訪れている。この頃から、山口は調査先から妻宛てに、葉書を出すようになっている。昭和六年八月十三日付の妻・ハルエ宛ての葉書をみてみよう。

　昨午後四時半、ガスが段々晴れて陸地の一端が見え出したとき、低い丘陵地か絶海の孤島のような感がして、愈々樺太だなあと思った。中学の旧師相田先生をお伺ひして遂いに一泊厄介になる。午前八時発、鈴谷川に沿ふて荒野―それは全くの荒野で一望の寒帯灌木の繁げった山焼けの

常磐炭鉱の坑口に祀られた山の神（磐梯町蔵）

跡等の風景だ。始めて樺太を走つてゐる様な感んじ。豊原に着いて鉄道事務所に立ち寄ったのを初めとし、町の助役、鉱山事務長に会ひ、樺太丁視学官、県視学、水産課長と次から次へ紹介されて歩く内、イカメシイ連中のホラバナシにヘトヘトしてボンヤリして終った。これはたまらんと思ひ樺太神社へ参って今その中段から鈴谷川の荒野の真中に広がった豊原全町を見下しながら静かに葉書を書き出した理だ。これが今回の旅行の頂点の様だ。研究が面白くて次へ次へと行きたいが、北海道が残ってゐるから午後三時真岡に向かってそろそろ帰途か

こうした一連の炭鉱研究の成果は、昭和十七年に『炭鉱集落』（山口一九四二c）として古今書院から出版され、山口の初の単著となった。同書の構成としては、第一篇で常磐炭田・石狩炭田・宇部炭田・筑豊炭田・台湾北部の五つの事例について、それぞれの地域で炭鉱集落が形成された理由を明らかにしつつ、最後に鉱脈の開削に沿って、炭鉱集落が移動していくことが示される。また、第二篇では、各地域におけ

る炭鉱労働者の出身地等について統計資料より検討し、人口流動性の高い炭鉱地域の特色を明らかにしている。

『炭鉱集落』のうち、特に「第三篇　炭鉱の生活」は、炭鉱に関して集落立地や人口の視点から考察する地理学的視点のみならず、炭鉱での「生活」の視点が組み込まれていることに特徴がある。例えば、山口の記述は、炭鉱で働く人々が山神を熱心に信仰していることにも及んでいる。地理学的研究に加えて「民俗誌」に取り組んだ理由は、東京帝国大学地理学教室助手であった佐々木彦一郎から「地理学的立場よりは稍々離れるが民俗学乃至は土俗学的方面の資料を炭鉱地に求めたら興味多い事もあらう」（山口一九三四）と示唆を受けたことにあった。佐々木彦一郎は、山口に対して例えば次のような助言も行っている。「集落の研究は集落だけやってわかるものではなくあらゆる人文地理学的教養の上にはじめて理解されるものでありますから視野をひろくして、まとめることに御忙ぎにならず悠々とやって下さい。」（昭和五年六月三〇日付の葉書）。こうした助言が、山口の研究の幅を広げていった側面は大きいと考えられる。

炭鉱研究を進めるなかで、山口は一生の師と仰ぐ人物と出会うことになる。田中館秀三である。炭鉱研究においては、当初、同じ福島県出身の渡辺萬次郎から指導を受けていたが、渡辺の紹介により、田中館の指導を受け始めるようになった（山口一九九五ｆ）。

田中館の指導方針は、山口自身の主体性を尊重するものであり、例えば昭和五年九月八日付の田中館からの手紙には、「御質問の要旨もわかりましたが、先づ貴下の独創性の方が尊いと存じます。甚だ不親切の様ですが何如なる方法に依っても創造されん事をこひ願ふ次第です」とある。他方で、論文執筆の具体的な指導もしていたようで、例えば昭和八年三月二二日付の書簡では、「論文を短かく、要領を得たる、平易なる文章になされることを希望」するとして、田中啓爾や小田内通敏の論文を参考にするよう、助言している。

なお、山口の研究成果の雑誌への公刊については、田中館が力を尽くしていたこともうかがえる。例えば、昭和六年八月二六日付の田中館から山口への葉書には「何時ぞやの原稿は「地球」の中村教授（引用者注：京都帝国大学の中村新太郎教授）へ直接送っておきました」とあり、こうしたやりとりを経て、当時の京都帝国大学に事務局があった雑誌『地球』に「会津盆地に於ける核心集落の分布」が掲載に至っている。

雑誌に投稿する論文への指導を中心とした田中館と山口との師弟関係は、やがて津波や山村を対象とした、二人の共同研究へと発展していくこととなる。

（3）柳田国男との出会い

山口が民俗学の世界に足を踏み入れるきっかけとなったのは、津波研究であった。田中館秀三に師事して津波被災地の調査を始めた山口だったが、被災後に移動した集落が戻ってしまうという問題は地理学だけでは解けないと考えていた。そんな時、柳田の教えを受けていた地理学者・佐々木彦一郎に、「民俗学を少しやってみてはどうか」と声を掛けられた（竹内一九八六）。当時地理学者として佐々木彦一郎と山口貞夫が柳田国男の門をくぐっていたが、この二人は山口が磐城高女時代に調査していた炭鉱集落を見に訪れたことがあり、そうした縁も山口が民俗学の道へ進むひとつのきっかけとなっていった（山口一九八五）。昭和十年一月、雑誌『地球』に掲載された山口の論文「炭礦民俗誌小稿」がその佐々木を介して柳田の手にわたり、山口は柳田から、「これでは民俗にはなっていない。生活の聞書きを採録して整理したものでないといけない」という内容の葉書をもらったという（山口一九八四）。これが、山口と柳田が接点を持った最初の出来事であった。

こうした縁で山口は柳田との面識を得て、その年の日本民俗学講習会に福島県代表として呼ばれることになる。日本民俗学講習会とは、東京の日本青年館で昭和十年七月三一日から八月六日まで行われた柳田国男の還暦を記念した企画で、柳田をはじめ当時の中央の民俗学者たちが毎日入れ替わりで講義を行い、また参加者を交えて座談会を開催した。東京をはじめ全国から民俗に関心を持つ人々が集まって聴講したが、講習会開催後にこの参加者を中心にして設立されたのが、日本で初めての民俗学の全国組織である「民間伝承の会」であった（福田二〇〇九）。現在の「日本民俗学会」の前身である。

この講習会への招待も、佐々木を介して山口に伝えられた。旧蔵資料にはこの時の経緯が分かる手紙がある。昭和十年七月六日消印の佐々木からの葉書には、「一県一人推薦といふことになってをり貴君は福島県代表と決定したわけであります（柳田先生より山口君はどうだろうかと私に御話あり、小生最適任と存じますと申しあげた次第です）」と記されている。しかし磐城高女の教員であった当時の山口は夏と冬の長期休暇のほとんどを調査に充てており、講習会の日は福島県会津の檜枝岐村で出作り集落の調査計画を立てていた。そこで、当時一緒に調査をするなどしていた女学校の同僚である岩崎敏夫に代理を頼み、快諾を受けて民間伝承の会へ連絡すると、「選衡には大変苦心している。代理では困る」という返事をもらった。そこで自身も出席することを決め、福島県からは二人の出席を認めてもらえるように佐々木に頼んだという（山口一九八一ａ）。こうして福島県からは、山口と岩崎の二名が講習会に参加することになったのである。

ちなみに岩崎敏夫は明治四二年、福島県相馬郡中村町（現・相馬市）の生まれである。岩崎家は近世には修験を務めた家柄で、代々国学を家の学問としていた。昭和二年に國學院大學に入学すると折口信夫の国文学に関する講義を受け、さらに民俗学や柳田国男との接点を持つようになっていった。磐城高女では主に国語を担当していたが、授業では時に民俗学の話をしたり、着任最初の夏休みには生徒たちに昔話を集めさせるなどしていた（岩崎一九九三）。山口は大正十四年十一月、岩崎は昭和八年十二月から同校に勤務しており、山口の方が八年先輩となる。

山口が講習会に参加した当時の様子は、スケジュール帳やノート、葉書などから知ることができる（内山二〇二〇）。昭和十年七月二三日に自宅のある平町から会津へと出かけ、南会津の田島町で祇園

柳田国男邸に招かれた山口弥一郎（昭和10年・磐梯町蔵）
中央右手前が山口弥一郎

祭の調査を行ってから、翌二四日には伊南村古町を経て大川村大桃（いずれも現・南会津町）まで行ったところで一泊した。その後、檜枝岐村へ入り、二五日から二七日まで、木地小屋を訪れたり出作りの暮らしや焼畑などの調査を行っている。二八日には尾瀬ヶ原から戸倉まで行って一泊し、翌日は群馬県の沼田へ抜けてそこから上野、さらに千葉へ行って知人宅で三〇日まで過ごした。三一日は千葉から日本青年館に向かい、岩崎とも合流して講習会初日に参加した。そこから八月六日までの全日程に参加しているが、最終日は午後の講習には出ずに夕方十八時に磐城の平町へと戻っている。

その間、初日の還暦祝賀会に出席し、さ

らに八月三日には柳田邸へ招待された。その日のことについて山口は次のように記している。「主に地方の人であったかと思うが、六十人ほどが先生の自宅に招かれた。すでに私の顔は覚えられていて、「山口君ここに来い」といわれて、先生の傍に席を与えられたのを覚えている。これが柳田国男に教えを受けるようになった最初の出会いである」（山口一九八四）。当時の写真でも、確かに柳田の傍に山口が座り、さらにその隣に岩崎が座っていることが確認できる。ここで山口と岩崎は、柳田からある人物について紹介を受ける。磐城高女のある平町のとなり、草野村（現・いわき市）に暮らす高木誠一という人物である。講習会から磐城に帰ると、二人はこの高木に会いに行くことにした。

（4）高木誠一と磐城民俗研究会

高木誠一は明治二〇年に福島県磐城郡北神谷《かべや》村に農家の長男として生まれた。山口より十五歳年上である。地元の小学校高等科を出たのち磐城中学校に進んだものの、農家の長男に学問は不要として二年生の時に中退を余儀なくされ、生涯を一農家として生きた（岩崎一九七六、夏井二〇〇九）。しかし生来の向学心は消えることがなく、家業に関わる農学や農政学を学んで篤農家として名声を博す一方、柳田国男に師事して民俗学を学んだ。明治四〇年八月、高木は二〇歳の時に小田原で開催された報徳会講習会に参加し、ここで講師として招かれていた柳田に出会っている。以来、柳田の指導を受け、明治四三年に柳田と新渡戸稲造を中心に設立された郷土会の会員となって雑誌『郷土研究』に寄稿を続けるなど、研究者としても活動した。この高木は、宮本常一の著書『忘れられた日本人』に「文字を持つ伝承者」の一人として登場する（宮本一九六〇）。そこで高木は、自身の生活を振り返り勇気づけてくれる学問として、民俗学を「百姓のやらなければならぬ学問」と語っている。こうした高木の生き方と学問について岩崎は、「生涯を通して村を離れず、村を愛し農を愛して、暮らしやすい村づくりに尽力したことは、民俗学は土に即した心の学問であることを如実に示した」と評した（岩崎一九九三）。

このように、同じ磐城にいながら山口や岩崎よりも前から高木は柳田と交流をもち、民俗学を志していた。実はこの高木も、昭和十年の日本民俗学講習会に呼ばれていたのである。山口が高木から受け取った一枚の葉書には、以下のような記述がみられる。

> 柳田先生には二十年以来の知遇をうけ郷土研究の指導をうけて居ります　今回の還暦祝賀の催しにも同志より案内がありましたが、気候不順のため稲作も気遣はれて私ハ上京も出来ず遺憾でありました、私共の仕事は天地を相手にするもので自然科学の力ニ待たねばなりません故今後共御示教を賜はりたい

葉書の消印は昭和十年八月二六日で、講習会から帰った山口が高木に対して訪問の意思を伝えた際

の返信と思われる。農家としての仕事を理由に講習会には出席しなかった高木だが、ここにも一農家として生涯を貫いた高木の性格が滲み出ている。さらに九月三日付けの葉書には、草野駅からの自宅までの道のりと、当日は在宅している旨の記載があり、これを頼りに山口と岩崎が高木を訪れたのは九月八日であった。この出会いをきっかけにして、「磐城民俗研究同志会」（のち「磐城民俗研究会」に改称）が立ち上がり、福島県における民俗学の黎明を迎えることになる。同会は、山口と岩崎、高木に加えて同じ磐城で小学校の教員をしていた竹島国基の四名で立ち上がり、間もなく高木の甥で農家を営む和田文夫《あやお》や磐城高女の赤木軍喜などが合流した（岩崎一九三五ａｂ）。

設立当初は会長も会費も会則もなく、山口によれば、その趣旨は「私達が高木誠一氏より学びとる会であった」という（山口一九五八）。「農事や学校のひまな時に、山口さんや高木さん、私の家などによく集まったもので、ささやかながら研究発表もし、時には採訪に出かけた。会長はなくても、むろん高木さんが会長格で、全くの素人のわれわれは、はかり知れない教えを受けたのである。ほんとうに楽しくてしかたない会であった。」と岩崎は振り返る（岩崎一九七三）。山口をはじめ高木、岩崎、和田ら会員たちは、同会の成果を積極的に雑誌へと寄稿したり、報告書などの作成をした。

昭和十年十二月に磐城民俗第一輯として『磐城地方の石に関する民間伝説』を、翌昭和十一年四月には磐城民俗第二輯『磐城地方の樹に関する伝説』を刊行するなど、発足当初から盛んに活動を行っている。さらに同年には『磐城高等女学校校友会誌』に「石城の水の伝説」、同校発行の『かをり』

柳田国男を迎えた磐城民俗研究会
（昭和12年・磐梯町蔵）
左から、山口弥一郎・高木誠一・八代義定・
和田文夫・柳田国男

第四号に「石城の年中行事」、翌年の同誌第五号に「石城の石の伝説」、さらに『めばえ』第四号には「続石城の伝説」を、いずれも磐城民俗研究同志会として発表している。このように、主に自然物に関わる伝説調査を軸として活動を開始した磐城民俗研究会は、発足から間もなく柳田を招いた講演会を実現させる。昭和十二年九月二一日のことであった。柳田はこの日の昼に水戸高等学校で講演を行い、夜に平町へ到着して研究会員との会合に参加し、講演を行った。その後は仙台へと向かい、二四日から東北帝国大学で「日本民俗学」を講義している（後藤一九八八）。この講演会は、同年七月に岩崎が成城の柳田邸を訪れた際、九月に水戸と仙台へ行く予定があることを聞き、その途次にいわきに立ち寄って欲しいと願い出たことがきっかけで実現したものだった（岩崎一九九三）。羽織袴に白足袋姿の柳田を午後六時に平駅で出迎え、休憩のあと午後七時からマルトモホールで同会としては初の民俗学に関する講演会を開催した。演題は「郷土研究に就いて」であった（後藤一九八八）。

この時の講演内容は同会会員の竹島国基によって筆記され、活字化されている（柳田一九三八）。それによれば、柳田は前半で中央の人間が地方における研究に対して期待することを軸として、郷土研究としての民俗学が目指すものを説き、さらに後半では、磐城民俗研究会に期待することとして、それまで進めてきた伝説研究からさらに進めて、それが存在する背景としてオシンメイサマなどの信仰の問題を取り上げるべきであると指摘した。同会の活動に関わる柳田からの具体的な提案は、会員にとって大きなインパクトを与えた。この時の内容を山口は、「ここには高木誠一という民俗学の権威者がいるのに、どうして伝説資料などの整理をしているか。ここにはまだ解けないいしんめいさまなどの問題があるではないか」という、「お叱りにも似た教え」と受け止めた（山口一九八四）。

荒井庸一はこのあたりの経緯についてまとめたうえで、民俗学の確立期であるこの時期における柳田の講演内容が民俗学樹立へ向けての一連の啓発活動のなかに位置づけられるとした。さらにオシンメイサマに関する信仰を研究対象として提示したことについて、『民間伝承論』や『郷土生活の研究法』で提唱した民俗資料の三分類に基づき、特にその最終目的である心意現象の解明を同郷人の学問として進めるように同会に説いたと指摘している（荒井二〇〇七）。実際、当時の柳田は「地方の民俗研究は磐城を手本にせよ」と言っていたといい（岩崎一九九三）、柳田は大きな期待をこめて同会の活動を見ていたようである。

こうした柳田からの叱咤激励と期待を起爆剤として、磐城民俗研究会の会員たちはオシンメイサマ

磐城民俗研究会によるオシンメイサマ調査
（昭和13年・磐梯町蔵）
前列左から、赤木軍喜・和田文夫・高木誠一・竹島国基
後列左から、岩崎敏夫・山口弥一郎

資料の収集に奔走することになった。同年十二月十二日の研究会では、東北のオシラサマ研究で知られるニコライ・ネフスキーの文献講読と和田文夫が持参した大浦村のオシンメイサマについて研究し、午後は草野村に調査に出かけており（岩崎一九三八）、以降も『民間伝承』誌上にはオシンメイサマに関する研究会や採集の記録が散見される。また旧蔵資料には、山口によるオシンメイサマ調査に関するノートや、「昭和十三年　磐城しんめい資料」と表紙書きのある手書きの報告書が残されており、高木、山口、岩崎、赤木、和田、竹島といった会員を中心にして調査が行われた。残されたノートによれば、山口自身は昭和十三年四月に赤井村、大浦村、高久村（いずれも現・いわき市）の事例を調査している。このように、会員が夢中になって各地からオシンメイサマの資料を収集していると、その一人であった竹島国基が疲労で倒れてしまうという出来事があった。その際に親から「しんめいさまのたたりであるから、この調査から手を切れ」と言われたという（山口一九八五）。山口はこうしたエピソードからも、信仰が現実に生き

ていることを実感したと述べている。こうして収集された資料は、柳田の講演会から約一年後の昭和十三年十月に「磐城しんめい資料」としてまとめられ、昭和戦前に発行されていた民俗学の専門雑誌『旅と伝説』誌上に掲載された。

磐城民俗研究会は、こうして地方研究会の模範となるような活動に努めていったが、特に設立当初は中央学界の動向を意識した活動も展開していた。『民間伝承』誌上の記事によれば、柳田をはじめ、橋浦泰雄や石黒忠篤、早川孝太郎などの民俗学者、あるいは歴史学者の喜田貞吉なども来訪しており、一方で山口や高木、岩崎らは柳田邸を訪れたり木曜会に出席するなどして、多くの研究者と相互に積極的な交流を進めていた。地域の文化を深く掘り起こしながらも一方で中央とのつながりを忘れない山口の研究姿勢は、この時期に培われていったものであろう。

(5) 戦前期の学校教育と民俗学実践

また、磐城民俗研究会の意義を考える上で学校との結びつきを見過ごすことはできない。同会はその発足後、赤木軍喜・穴井重喜・金澤コウ・鈴木光四郎・船迫良隆などが参加した。赤木と鈴木は山口・岩崎と同じ磐城高女の教員であり、須賀川で小学校教師をしていた金澤は、のちに山口の二人目の妻となった人物である。このように、学校教員が中心の組織であり、なかでも磐城高女の関係者が多かったため、その活動は学校現場での教育実践とも深く結びついていた。同会の最初の成果物であ

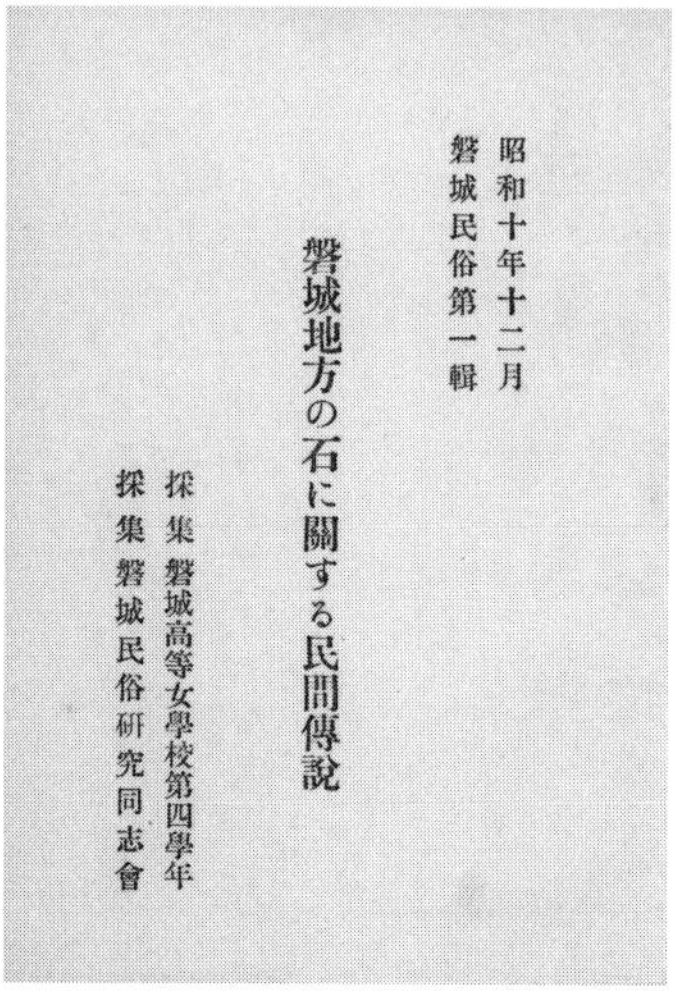

『磐城地方の石に関する民間伝説』
（昭和10年・磐梯町蔵）

る磐城民俗第一輯『磐城地方の石に関する民間伝説』は、B6版・十二ページの小冊子であるが、磐城民俗研究同志会と磐城高等女学校第四学年の連名で制作されている。これは早くも翌昭和十一年一月発行の『民間伝承』誌上に紹介され、倉田一郎に「四十四の資料を化石伝説其他十二項目に分類したもの。十二頁の小冊子ではあるが、女学生が採集に関与してゐる点が注目される。」との評価を受けている（倉田一九三六）。

一方、山口は磐城高女に赴任して間もなく、生徒たちが自らの暮らす地域をより深く知ることを目的に郷土研究部をつくっているが、当時のことを後に以下のように振り返っている。

常磐線で、東京に出る便利のよいためもあるが、卒業すると、勝れた娘は、上級学校に進むと否とを問わず、東京方面に出てしまうのが多い。これでは地方の優秀な女生徒を募集して教育し、郷里から送り出すための仕事をしているのではなかろうか、ということに気付いて、郷土研究部をつくり、課外演習をはじめた。郷土生活の貴重さを認識させなければならないと思いこんだからである。

（山口一九八九b：一一）

さらにこのような課外活動は、授業へも展開した。昭和十一年の『民間伝承』二-四には、岩崎が以下のような報告を寄せている。「機も熟し準備も了したので、将来長くその土地に生活せんとする女生徒を募り、課外として磐城高女校内に系統的な民俗学の講義を毎週一回づつ開くことになつた。将来郷土人としての女性の自覚を促し郷土の正しき見方を指導せんとするものでテキストに「民間伝承」を用ひる」（岩崎一九三六）。この文章からは、先の山口による問題意識につながる目的があったことが分かる。この課外授業は磐城民俗研究会に所属していた同校の教師たちによるもので、それぞれ「女性と民俗（赤木軍喜）」、「郷土史と民俗（鈴木光四郎）」、「民間信仰、言語と民俗、年中行事、禁忌、衣食住の問題（岩崎敏夫）」、「民俗採集、町及山村漁村の生活（山口）」という担当で進められた。

またこの時期、特に山口や岩崎は教え子たちに地域の伝承を採集させ、それをまとめて様々な形で発表を行った。例えば山口は昭和十四年十月八日、当時柳田国男邸で行われていた木曜会で、あんば様信仰に関する調査報告を行っている。あんば様とは関東から東北にみられる特色ある民間信仰で、特に太平洋岸の地域では航海や漁業の神として漁村を中心に祀られているものである。同年の『民間伝承』誌上には「磐城地方の『あんば様』資料」として、あんば様の神格や祭礼・祭祀の方法、祭日、不漁直しや大漁祝いとの関係など十項目に整理して報告しているが、これは「教へ子たちに、漁夫から直接に採集せしめられた標題の資料」で、その成果を「なるべく原文を生かし乍ら要領を摘出整理したもの」であった（山口一九三九）。同誌の次号には桜田勝徳がこの報告を受ける形で議論を発展させ、さらに千葉のあんば様信仰の事例が報告されるなど、反響も大きかった。

同じように岩崎は、同校に着任してから長期休暇を利用して生徒たちに昔話を集めさせていた。これらの生徒の作品を柳田に見せると、一人ひとりに短評を添えて返送されたといい、これに感激した岩崎は本格的に昔話の調査を進めることになる。こうして岩崎の最初の民俗学的な研究は昔話から始まり、その成果は『磐城昔話集』として刊行された。これは柳田が編集し、全国で初めての本格的な昔話研究の叢書となる全国昔話記録の一冊として上梓されたものである（岩崎一九四二）。

このような当時の山口や岩崎らによる民俗学的実践は、地域の研究会組織である磐城民俗研究会と連動していたこと、さらに同僚の教員と志をともにしながら授業や課外活動といった多様な展開がみられたことなどが特筆される。特に山口は生涯にわたり学校教育のなかでの民俗学的実践を続けていくことになるが、その萌芽は既に昭和戦前のこの時代にみることができるのである。

【コラム1】　柳田国男と山口弥一郎

山口弥一郎は柳田国男を民俗学の師匠として慕い、多くのことを学びながら研究として実践することを目指した。研究において疑問が生じると東京の柳田のもとを訪れて指導を仰いだというが（山口一九八四）、山口が残したフィールドノートのうち戦前から戦後にかけて使われた七冊に、柳田の自宅を訪れた際のメモが記されている。そこには、個別の民俗に関する内容から調査研究の姿勢についての教え、さらに著書の出版の相談についてなどが記録されており、研究活動全般にわたる内容について柳田に教えを受けていたようだ。またスケジュール帳にはこれ以外の訪問も記録されており、柳田とのやり取りの手紙等もたくさん残され、生涯にわたって山口は柳田を慕い続けたことが分かる。

その柳田は、山口を訪問したことが二度ある。一度目は本文中に紹介した磐城民俗研究会での講演会であるが、二度目は昭和十八年五月二二日、越後から東北へと旅していた柳田が当時岩手県の黒沢尻にいた山口の自宅を訪れた時である。この日、ちょうど山口は青森に出張していて柳田に会うことができず、自宅で迎えたのは妻・コウと長男の大二郎であった。コウはこの時のことを、日記に以下のように記している。「お父ちゃん居たら、なにほど感激したろう。この偉大な老先生を、二度とこの陸中黒沢尻にお迎えすることはもう望めないかも知れないと思うとこんなにお粗末にしてお帰り願うのは残念でならない。お父ちゃんの、あれほどお慕いしている師匠様なのに」（山口コウ一九六三）。妻・コウも、夫である山口が柳田をいかに崇敬していたかを知っていた。

またこんなエピソードもある。民間伝承の会で民俗叢書の出版企画が持ち上がった際、山口は地理学を専攻していたこともあって「地名」の担当になった。その内容について柳田に相談すると、柳田は内閣文庫の資料を書写した地名カードを入れた木箱を山口に貸し与えた。自宅に持ち帰った山口は、自分が旅行中などに留守の家で火事にでも遭ったら大変だと、当時勤務していた学校の御真影奉安庫の隅に保管してもらったことがあったという（山口一九七二c）。旧蔵資料にはこのカードの写しを含めて多くの調査カードが残されているが、こうした情報をカード化して整理する方法もまた、山口は柳田に習って生涯続けた。

さらに旧蔵資料には、原稿用紙に記された「柳田先生最夜中・夢での御指導一九九三、五、二八」というメモが残されている。夢のなかに登場した柳田に川魚を草に巻き込んで捕る漁法についての説明を受けた後、実際に柳田が小川に入ってその漁法を実践して山口に指導するという内容である。死後三〇年も経った柳田が夢枕に立ち、その指導を受けるという記録からは、山口がいかに柳田を尊敬し、また研究を進める上での心のよりどころにしていたかが分かる。（内山）

【コラム2】　田中館秀三と山口弥一郎

田中館秀三は明治十七年、岩手県二戸郡福岡町（現・二戸市）に生まれ、東京帝国大学理学部地質学科卒業後、東北帝国大学や北海道帝国大学で地質学・岩石学・海洋学の講義を担当し、特に火山の研究においては国際的に知られる研究者であった（山口一九七五c）。

山口は、第一章で述べたとおり、同郷の地理学者・渡辺萬次郎を経由して田中館の指導を受けるようになった。本格的な師弟による共同調査は、昭和十年からの三陸津波調査であり、調査の行き帰りには田中館の家に立ち寄り、宿泊もしている（辻本二〇二〇）。

岩手に転居した山口は、田中館の実母に聞き書きを行い、その成果を『二戸聞書』（山口一九四三c）としてまとめている。これは、昭和十四年、稗食《ひえ》に関心を持っていた山口が、田中館を訪れてそのことを話した際、田中館から当時九一歳であった実母への聞き書きを勧めたことによる。旧蔵資料によれば、この聞き書き原稿には当初『北の話』という標題が付されていたが、原稿を六人社へと仲介した橋浦泰雄による表題変更の勧めを受け、最終的には『二戸聞書』という表題で出版された。

山口が後年「田中館先生は、一つのテーマに熱中してもだいたい見通しがつくと手放してしまわれる、先が見えてしまう才人なんですね」（竹内一九八六）と評しているように、田中館自身は地質学や火山学の研究に始まり、戦時中には地政学に傾倒し、日本占領下のシンガポールにおける文化財保護に携わるなど、多彩な分野において活動していた（荒俣一九九一）。このように田中館は山口の研究テーマと常に近い研究を行っていたわけではなく、また大学等の制度における公式な「師」ではなかったが、山口の地理学研究に対し、折に触れて指導・示唆を与える存在であった。

戦後の混乱のなかで教職を辞した山口に対し、進駐軍の嘱託の立場にあった田中館は、GHQにおける農村社会学の専門家として推挙するなど（山口一九七五a）、常に目をかけていたが、昭和二六年、胃癌にて逝去した。この際、山口は田中館の葬儀委員長を務めた（山口一九九五f）。また、田中館の死後、山口は田中館との共著論文を集成し、昭和二八年に『東北地方の経済地理研究』を古今書院から出版している。地理学者で東北大学教授であった宮川善造は、この本への書評において理論的考察が不足している点を指摘しつつも、田中館が「地理学における理論の貧困という点は承知であって、いつかも「研究発表は必らずしも論文に限られるわけのものではなく、記述もあれば解説でもよい」と洩らして居られた」（宮川一九五四）と記している。山口の回想のなかにも、他の東北大の教授から山口の研究を論文ではなく素材であると評された際に、田中館が「『パルプで結構、最後に立派なペーパーに仕上げれば』と言ってきたよ」（山口一九九一a）というエピソードがある。性急に理論化や一般化を行うのではなく、丹念にフィールドでデータを集め続ける山口の研究姿勢を、田中館は他の地理学者の誰よりも評価し、その価値を他の地理学者にも伝えようとしていたのである。（辻本）

二　学問研究から現実の問題への対応へ ―東北を襲う津波と凶作―

（1）津波常習地の調査研究 ―『津浪と村』のつくられ方―

昭和初期は、日本の人文地理学者・民俗学者が、全国の農山漁村に積極的に赴き、フィールドワークを行うようになる一つの画期であった。特に民俗学においては柳田国男が主導し、昭和九年からは山村調査、昭和十二年からは海村調査が行われ、日本各地に民俗学者が赴き、調査を行った。矢野敬一によれば、この山村調査は、世界大恐慌によって衰微する農村経済の現実に対応すべく、企画されたものであった（矢野一九九二）。そして、農山漁村の疲弊という状況は、昭和八年の昭和三陸津波や、昭和九年の凶作の被害を受けた東北地方においては、より切実な問題となっていた。こうした状況のなか、山口は昭和初期に東北地方の農山漁村を対象としたフィールドワークに本格的に着手した。

『津浪と村』初版（昭和18年）

山口の昭和初期の調査研究が結実した成果のひと

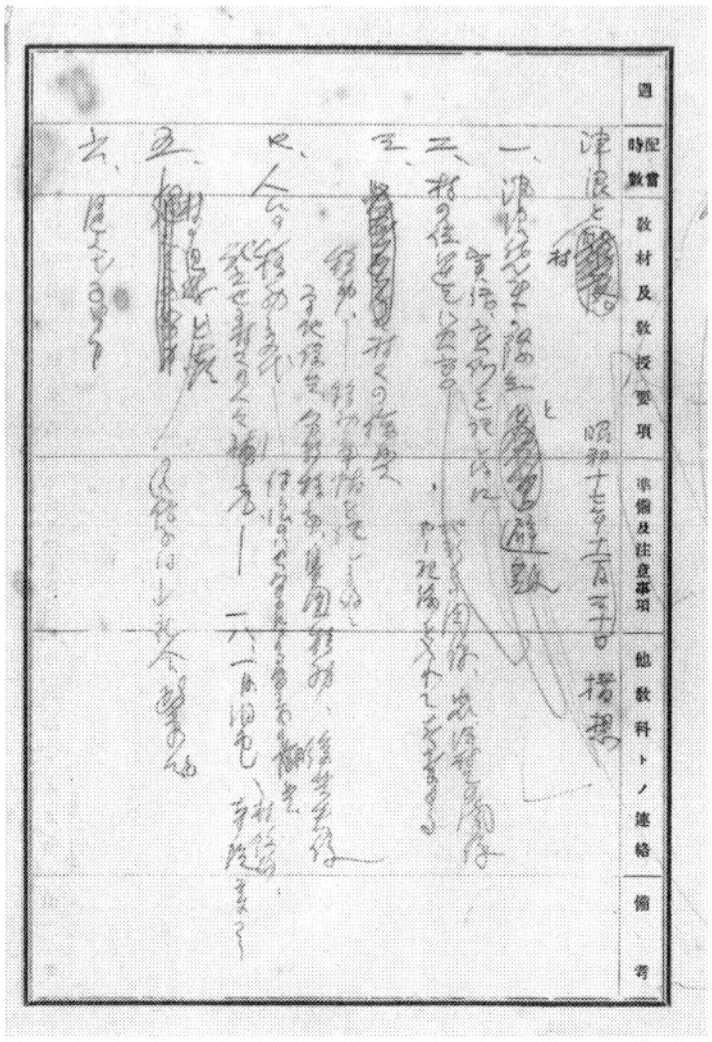

『津浪と村』構想
（昭和17年11月30日・磐梯町蔵）

つである『津浪と村』（山口一九四三ａ）は、出版から六八年後、東日本大震災を契機に復刊された。三陸地方が数十年に一度津波の来襲する「津波常習地」であることを指摘した上で、津波の被害を受けても、再び集落が同じ地に再興されてきた歴史があることを示した本書は、東日本大震災後、地理学や民俗学という分野を超え、建築学や都市計画・防災の分野からも大きく注目を集めた（青井二〇一一、饗庭ほか二〇一九など）。この書籍の復刊に関わった民俗学者の一人である川島秀一は、『津浪と村』を、非日常の事象である災害を日常の視点からとらえた民俗学的災害研究の端緒として、高く評価している（川島二〇一二）。では、このような『津浪と村』はどのようにつくられたのだろうか。

昭和八年三月三日未明、青森県、岩手県、宮城県各県の沿岸部を襲ったいわゆる「昭和三陸津波」は、合計三〇〇〇人を超す死者・行方不明者を出し、各地の地域経済に甚大な被害を与えた。山口は、地理学の師である田中館秀三より声をかけられ、昭和三陸津波から二年九か月後の昭和十年十二月に、初めて津波調査を行った。この調査は、宮城県気仙沼から岩手県宮古までを、船と汽車、乗合自動車を用い、さらに交通手段がない地域では徒歩で峠越えをしながら、一週間かけて北上し、各被災地において観察・資料収集・津波経験者への聞き取りを行った（辻本二〇二〇）。

わずか二年九か月前の被災経験を直に聞きとることは、山口にとって心を揺さぶられる体験であった。例えば、昭和十年の調査においても、先に紹介した樺太調査と同様、フィールドから自宅宛てに葉書を送付しているが、そのなかには次のような一節がある。

今日は徒歩で四里程歩いて越喜来《オキライ》まで来た。コレハアイヌ語ノ地名ダ。途中峠ハ大キナノヲ一ツ小サナノヲ三ツ程越シタ。曇天で反って暖かかった。（中略）どこでも津浪の哀話だけで今はおばあさんにすっかり泣かれて一寸立てぬのがあった。この分では風も引きさうでないから御安心。（中略）もう大きな峠を三つ越して三十日の夜は釜石につけようと、そんな事ばかりながめてゐる。荷物が一寸重くなった。

（昭和十年十二月二八日、山口ハルエ宛て）

一方では、宿泊先で地域住民と酒を酌み交わし、聞き書きをするようなこともあった。例えば、昭和十一年十二月に、山口は津波調査に加え、当時の民俗学や社会経済史学において関心の集まっていた共同労働や収穫物分配等の「原始共産制」について実地調査を行うため、青森県下北半島東端の東

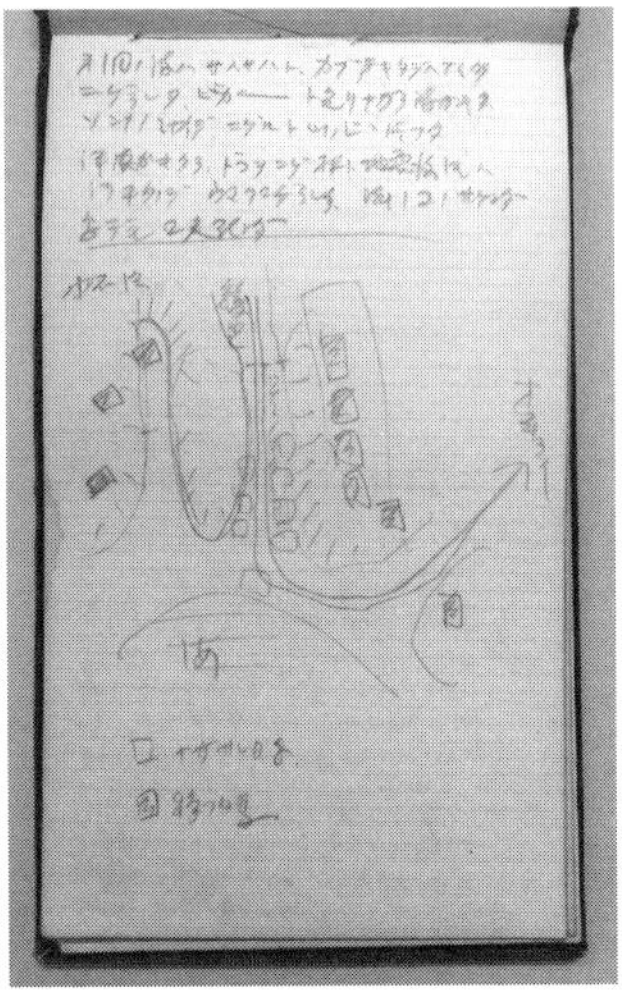

綾里小石浜のフィールドノート
（磐梯町蔵）

通村尻屋《しりや》・尻労《しっかり》・岩屋などの集落を訪れたが、この時の宿泊先で、偶然村の古老を含めた地域住民の酒宴が囲炉裏端で始まった。これを絶好の機会と見た山口は、これまでの調査経験から「ノートをみせる事は厳禁である」（山口一九四三a）と、ノートと鉛筆を懐にしまい、それとなく囲炉裏での会話に混ざり、今回の旅の経緯や村を見た感想、さらには自身が会津の旧士族家の出身であることなどを話していった。こうした自己開示によって少しずつ打ち解けてくると、住民から焼酎と犬肉の鍋を勧められ、盃を交わしながら、ようやく聞き書きへと入っていった。「半ば過ぎればノートを出しても不審がらないし、すすんで、家の間取りの具合等」までノートに住民自身が書いてくれたという（山口一九四三a）。

このように山口は、津波による集落の高台移転のスケッチや、役場での公的な文書の収集といったオーソドックスな地理学的調査に加え、幅広い年代の人々への聞き書きを進めていった（辻本二〇二〇）。調査の過程は必ずしも順調なものばかりではなく、例えば、調査の途中まで津波にともなう集落移動の様子をノートにスケッチして歩いていたが、その内容とほぼ同じデータが航空写真に記された国の報告書を、訪れたある役場で見せられ、意気消沈することもあった。また、田中館が用いていた自然地理学的な調査票を持ち歩いてみたものの、ほとんどデータを取ることができなかったとも振り返っている（山口一九四三a）。

こうして昭和十年末から始められた山口の津波調査は七年間、計六回にわたって行われ、昭和十八年には『津浪と村』として出版された。『津浪と村』の執筆の動機として、山口は後年のインタビューで以下のように述べている。

> 柳田先生にも「君は丹念に東北を歩いているが、何のためか。災害を防止するため、一人でも多くの人命を救おうという考えのもとにやっているのだろう？しかし君が書いている論文を三陸の人々は読まないよ。そのような難しい理屈よりも、どうしたら災害を防げるか、村が移らないですむか、かみくだいて書いたものでなければだめだ。通俗本でもいいんだよ。災害防止が君の第一の目的なら、三陸の人々にわかるような本を書いたって、学者の地位は下がりはしないよ」といわれました。そこで私は『津波《ママ》と村』を書いたのです。
>
> （竹内一九八六：二三八）

昭和十八年にまとめられた『津浪と村』の構成について以下に概観しておきたい。冒頭にはまえが

『津浪と村』掲載の綾里村港・岩崎集落（昭和10年・磐梯町蔵）

きとして「序に代へて―三陸の旅」が置かれた後、第一篇は「津浪と村の調査記録」と題された書き下ろしの章で、津波体験談等の語りを採用している。ここでは宮城県北から青森県まで広範囲の事例が登場するが、調査した順ではなく南から北へと再配列されている。また、鵜住居《うのすまい》村両石（現・釜石市）の部分では、和田文夫が調査した沿海採集手帖に基づき項目的な民俗誌を執筆している点も注目される。

続く第二篇は「村々の復興」と題され、『地理と経済』に掲載された論文をベースとした地理学的アプローチによる章である。自ら踏査して集めた数多くの集落のデータに基づき、津波被害を受けた集落の対応を①集団移動、②分散移動、③原地復興に三分類し、都市化が進んだ集落や、漁業を主業とする集落における高所移転の困難性を指摘している点に特色がみられる。

最後の第三篇は「家の再興」と題され、書き下ろしのうち、一部に『社会政策時報』に掲載された論文が組み込まれている。第三篇の特徴として、特定の集落（両石、船越、姉吉）に焦点化した調査を行い、特に家の継承について掘り下げた調査を行っている点が注目される。昭和十八年一月二〜八日に行われた姉吉・両石の調査では、ノートの冒頭に「主トシテ明治二九年ニ全滅シタ集落ヲ選ブコト」との記述が有り、昭和十〜十一年の調査が広域にわたる調査だったのに対し、昭和十八年の調査が特定の村落に焦点化した調査であったことがうかがえる。

例えば第三篇のうち、岩手県重茂《おもえ》村姉吉（現・宮古市）の事例を見てみよう。明治二九年の津波の際は生存者二名であり、高所移転を行ったものの、漁業に不便であること等から大正十三年までに全戸原地復帰をした。その結果昭和八年の大津波では再び全滅し、さらに房州からの出稼ぎ漁夫の納屋も全滅した。

こうした現象について山口は次のようにまとめている。

即ち津浪後には死亡者が多いばかりでなく、漁村の人口が置換へられる現象を、稍々顕著に生ずるのである。そして古くより郷土を護りつゞけた人々の死去した跡に、経済的関係を主とした、稍々低い生活の、移動性に富む者が、移入定着する場合が多いのである。（中略）然るに姉吉は二十九年に二名を残すのみで全部死亡してをり、若い移入者によつてのみ再興され、昭和八年には大地震に際しても、津浪の警戒をなした者はなく、特に房州方面より季節的に来漁してゐた、納屋住ひの漁夫四十数名は、全くねこそぎ行方不明となつたのである

（山口一九四三a：二〇七–二〇八）

すなわち、津波による集落の全滅という現象を、漁村における人口の流動性の高さと関連付けて考察しているのである。

このように、改めて『津浪と村』のつくられ方を分析していくと、この書籍が複数のアプローチによってつくられていることが見えてくる。即ち、三陸沿岸の津波常習地を広域的に調査し、集落移動の視点からマクロにとらえる人文地理学的アプローチと、家の再興に着目し、犠牲者の特に多かった特定村落をミクロに調査する民俗学的アプローチから成っているのである。そして、そのふたつのアプローチには、人口や集落の移動性に着目する視点が共通していたと言えよう。

（2）未刊の『凶作と村』と学際的視点の醸成

山口は昭和十年頃から、津波調査と並行して、東北各地の山村への調査を始めた。これらの一連の調査は、山村等における人口移動に対する経済地理学的関心に加え、柳田国男らが昭和九年から始め

た山村調査の影響を受けていると考えられる。昭和十年夏の福島県檜枝岐・戸倉の出作り調査を皮切りに、昭和十一年には福島県双葉郡川内村、岩手県下閉伊郡小国村・安家村、さらに昭和十三年には秋田県戸沢・阿仁におけるマタギ集落研究など、幅広い地域・テーマで研究を行った。

こうした流れのなかで、山口は昭和十一年六月・七月に福島県双葉郡川内村において調査を行い、昭和十三年に三回に分けて『地学雑誌』に「阿武隈山地に於ける縁故下戻の公有林に依存する山村の経済地理」として論文化し、さらに昭和十六年十一月の人口問題全国協議会において「山村に於ける人口移動」として発表している。この研究で山口は、川内村において所有権をめぐって明治期以降裁判となっていた広大な公有林が、明治四三年の判決によって民間側に無償で差し戻された結果、木材伐採がすすみ、林業労務者などの外部者が大量に流入した事例に注目している。この事例では、山村に流動性が高い林業労務者などが移入する一方、古くからの山村生活者が破産や出稼ぎ、移民により流出する傾向がみられたのである。そして、山口はこのような「人口置換現象」を問題視し、「古い人が何うして災害と闘つて山村に生き続けたかを研究して、その山地を郷里とする人々に依つて維持さ」せる必要性を指摘している（山口一九四二a）。こうした視角は、姉吉の事例にみられた漁村の人口置換に関する記述と共通すると考えられる。

山口は山村研究を通じて、住み慣れた村に暮らし続けることが難しくなる状況へ着目し、その視角は凶作・廃村研究へと発展していった。そのなかで、山口は、農村社会学と社会経済史という、ふたつの隣接分野に出会い、自らの研究に取り込んでいくこととなる。

まず農村社会学は、大正期から昭和初期にかけて鈴木栄太郎、有賀《あるが》喜左衛門らによって主導されていた分野であるが、山口は北上山地における凶作の研究を進めるなかで、有賀らが着目していたような「名子制度」に関心を持つようになる。有賀喜左衛門はアチックミューゼアムの研究活動の一環として、昭和十四年に『南部二戸郡石神村に於ける大家族制度と名子制度』（有賀一九三九）を上梓し学界の注目を集めていたが、有賀が家族制度や地主・小作関係といった社会構成の観点から名子制度の実態把握を進めていた一方、山口は凶作地帯と名子制度の残存地域が重複する傾向がみられることに着目し、名子制度にみられるような本家による分家の庇護を、凶作に対する適応の一形態としてとらえている点に独自性がある（山口一九四一b・一九七二e）。

もう一方の社会経済史的視角についてもみてみよう。山口は、明治〜大正期において開拓に失敗した廃村を青森県にまで足取りを伸ばして探し歩き、そこで近世期の凶作による廃村への関心を持つようになる。近世期の凶作への関心は、山口にとっては社会経済史的な手法との出会いでもあった。山口は昭和十年代に青森県を頻繁に訪れ、青森郷土会の肴倉《さかなくら》弥八をはじめとして、奥田順蔵（青森市）、福士貞蔵（五所川原町）、松野武雄（弘前市）など、青森県各地の郷土史家とつながりを持ち、近世の凶作を描いた村絵図の実見調査を進めていく（山口一九七二e）。そのなかで、特に綿密な調査のフィールドとなったのが、西目屋村大秋《たやき》である。大秋の調査は戦時中に進められたが、その成果は昭和二八年になってから雑誌『社会経済史学』に「天明度に於ける津軽大秋の死絶と再興」として公表されている。この論文は、天明~寛永期の凶作によって断絶した家を絵図から特定した上で、その後、明治期になってから、分家によって家が再興していることを明らかにしている（山口一九五三）。旧蔵資料には、『凶作と村』という未刊原稿が収蔵されている。この原稿は結局単著としては出版されず、昭和四七年に選集第六巻に収録されることとなるが、『津浪と村』で試みた広域調査と特定集落に着目したミクロな調査の組み合わせという手法（『津浪と村』の場合は姉吉、『凶作と村』の場合は大秋）や、家の再興に注目する視点は非常に似ており、幻の二部作であったということもできるだろう。

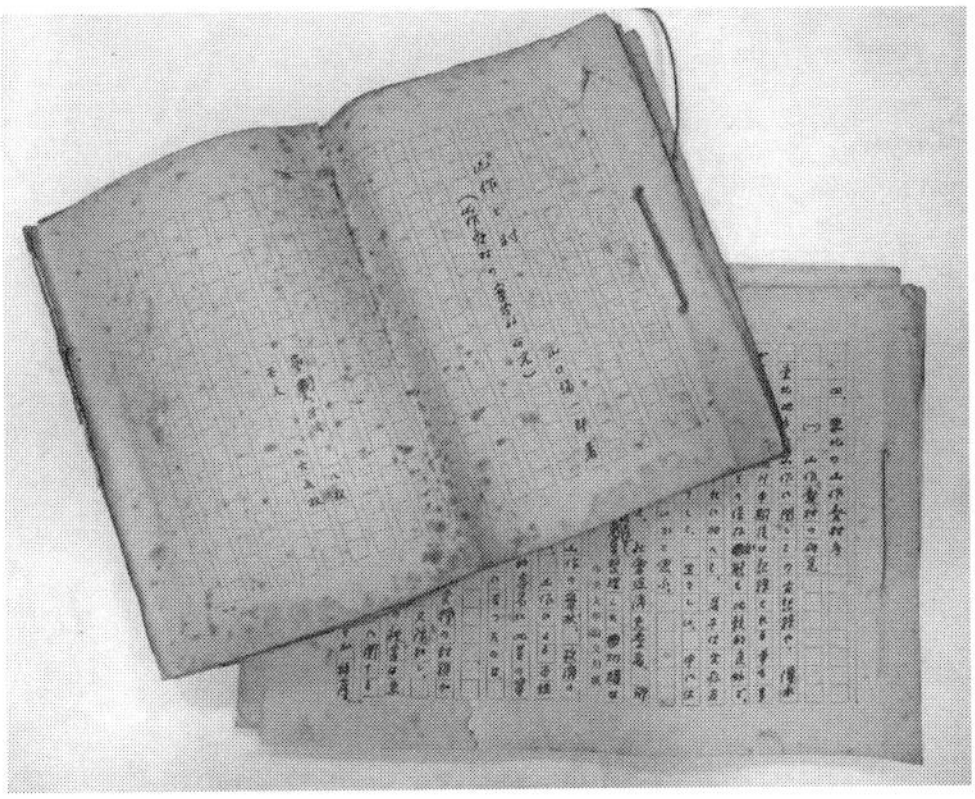

『凶作と村』原稿（磐梯町蔵）

山口は炭鉱集落研究においては地理学的手法を用いつつも、萌芽的に民俗学的な生活への関心を有していた。そして、津波研究では地理学的手法と民俗学的手法を組み合わせ、さらに山村研究を端緒とした凶作・廃村研究では、農村社会学や社会経済史という隣接分野の視角をも取り込んでいった。山口にとっての昭和戦前期は、「住み慣れた村に暮らし続けることが難しいのはなぜか」という問いのもと、東北地方の農山漁村の現実の問題に向き合っていく上で、特定の学問領域に捉われない、独自のフィールドに対する視座・方法論を醸成していった時期であるということができるだろう。

(3) 政策提言に向けた取組 ―人口問題研究会への参画と『東北の村々』―

昭和十年代前半以降の山口は、個別の研究成果を学術雑誌に発表することに加えて、自身の研究成果を政策提言に活かす活動に取り組むようになった。その一つが、政府系機関である人口問題研究会の活動への参画である。

第二次世界大戦下の政策においては、人口を「資源」として位置づける流れのもと、人口学・医学・保健学・労働科学等、様々な学問分野が動員されていった（足立二〇一三）。特に東北地方を対象とした戦前期の人口政策は、凶作等を受けて「過剰人口」の解決を目指す方針から、戦時体制下において「人口増殖」を目指す方針へと、大きく転換していったことが指摘されている（川内二〇一三）。

こうしたなかで、地理学者にも人口問題研究への関与が要請されるようになり、山口も厚生省の外郭団体として設置され、現在の社会保障・人口問題研究所の前身であるシンクタンク・人口問題研究会において、昭和十年代前半に計三回にわたって研究発表を行っている。人口問題研究会は、いわゆる社会科学の研究者のほか、人文科学の研究者も参加しており、昭和十五年十一月に東京・神田区の一橋講堂・如水会館で開催された第四回人口問題全国協議会では、東京文理科大学の内田寛一（「徳川時代農村人口の一面」）、高岡商業高等学校の小寺廉吉《れんきち》（「満州開拓の現段階に於ける若干の問題」）といった地理学者や、東亜研究所の西村朝日太郎（「蘭領東印度の人種構造」）のような民族学者、日本労働科学研究所の暉峻義等《てるおかぎとう》（「白系露人の北満に於ける部落建設の過程について」）のような労働科学者など、幅広い分野からの発表がみられた（人口問題研究会一九四一）。なお、田中館秀三も発表しており、山口の発表も田中館経由で可能になったと推察される。

この第四回人口問題全国協議会で、山口は「農村に於ける死亡状態の一例」と題して発表を行っている（山口一九四一ａ）。発表においてフィールド名は伏せられているが「阿武隈山地の東の麓」の四〇戸ほどの純農村を対象とし、過去帳や聞き取りを用いて明治十八年から昭和十四年に至るまでの各家成員の死因、季節別・年齢別の死亡人数を示したものである。「大変統計に興味を持つ篤農家の高木誠一といふ人が数年に亘ってこの統計を蒐集して呉れまして」とあるように、データ自体は高木誠一が集めたものであり、整理を山口が行ったと推察される。この統計の検討によって山口は各家の死因に「夫々の性格」があることを見出し、疫病等によって断絶しやすい家系があることを指摘している。そして発表の末尾においては家々の性格の他に、村としての人口構成の性格があることを指摘し、青森県尻屋崎の東通村で出稼ぎ者が六月に帰郷することから三月の出生率が突出する事例などを示している。優生学的な関心もうかがえ、現代の研究水準からは批判的にとらえるべき発表内容である。

また山口は、昭和十六年七月に開催された「東北地方人口問題協議会」においても報告を行っている（山口一九七四）。この報告の準備のために、山口は「東北地方に於ける人口減少村の研究」と題したファイルを作成し、東北各地において明治〜昭和期において人口が顕著に減少した町村を抽出している。よりマクロな視点から東北地方の人口問題の特徴をとらえようとしていたことがわかる。人口減少という視点からは、先に述べた津波被害や凶作廃村のように、村に暮らし続けることが難しい状況をとらえようとする視点との関連性も指摘できる。

人口問題研究会は、学術研究成果の発表の場でありつつも、研究成果で「人口問題」という政策的課題を解決することが求められる場であった。山口にとっては自身が教職の傍ら積み重ねてきた研究成果が評価され、発表の機会を得て、それが「国」に役立つという、これまでにない経験であったと考えられる。こうした経験は、山口の研究上のキャリアにとって「実践」に関わるという一つの契機であり、事実、昭和十年代に、山口は山村研究や津波研究を「人口問題」や「社会政策時報」といった政策担当者を読者とするような雑誌に発表していくこととなった。

戦時中に発行された山口の単著『東北の村々』（山口一九四三b）は、『津浪と村』や『東北の焼畑慣行』といった特定テーマに関する書籍に比べて取り上げられることが少ないが、これまで述べてきたような山口の戦時中の政策提言志向を良く表した書籍である。この本は、山口が昭和戦前期に東北各地で行ったフィールドワークの成果を、農村（第一篇）、山村（第二篇）、漁村（第三篇）、産業（第四篇）という形でまとめたものであり、個別論文のエッセンスをわかりやすく書き直して掲載した一般向けの読み物として書かれているが、最終章の「東北の村々と人口の特異性」（第五篇）においては、第一篇〜第四篇の各事例をもとに、東北の村々の特徴を（1）開発過程の明らかな村々、（2）古い伝統を固持する村々、（3）災害を受ける村々、という三つの観点から説明した上で、政策的に不振が問題視される東北の村々を振興する上で、次のような点が重要であると述べている。

東北の人々が、東北の村々を自身の手によって再検討して、刻苦して自ら再建してみる事である。これは諸政策が大局より考慮実施されるのに対する東北自身の手になる内面的振興の真髄である。殊に東北の如き自然的影響が大であり、古い伝統を固持してゐる地方では、東北自身の人々以外、誰に一体真の振興をゆだねる事が出来るであろうか。

（山口一九四三b：三四〇）

この山口の主張は、自然条件により津波や凶作の影響を受けやすいなかで、自らの暮らす村々がいつ、どのような過程で開発され、様々な民俗を含めてどのような伝統を有しているのか、そこに暮らす人々自身が理解し、その理解に基づいて振興策を検討することが重要である、という主張であると読むことができるだろう。山口は政策提言の場に参与しつつ、「上からの」人口政策や産業振興政策ではなく、当事者自身がつくり上げる、土地の歴史や民俗をも踏まえたオルタナティブな立場からの政策提言を試みていたのである。

（4）『東北の焼畑慣行』と焼畑実践の失敗

炭鉱研究の時代から萌芽的にみられつつ、津波研究や凶作研究で特に重視された人や集落の移動性への視角は、焼畑研究へとつながっていった。焼畑研究について、後年山口は、「結局凶作です。昭和八、九年と凶作が続きましたね。いろいろ調査してみますと、焼畑を開拓移民がやっていたようで・・・」（竹内一九八六）と答えており、山村のことをよく知らない外部者が焼畑を営むことの困難性も認識していた。山口は山村研究の一環として焼畑研究に取り組み、昭和十四年と昭和十五年の二回にわたって『地学雑誌』に「東北地方の焼畑」を掲載し（山口一九三九b・一九四〇）、青森県（岩木山地・森吉山地）から岩手県（北上山地）、山形県、福島県（南会津山地および奥羽山地・阿武隈山地）に至るまでの各地の焼畑の農法的特徴について概観している。

この焼畑研究では、山口は自身でのフィールドワークのみならず、焼畑の有無等について、研究者および地元の役場、教員などに手紙で問い合せて情報取集を行っていた。旧蔵資料によれば、岩手県については社会経済史学者の森嘉兵衛、山形県については地理学者の長井政太郎、宮城県については田中館秀三に問い合わせており、田中館からは昭和十四年二月十七日付の葉書にて「宮城県の焼畑の件、県林務課、営林署等につき照会しましたが、本県には全然ないのが真実らしいです。（中略）何れにせよ、焼畑が絶無という事実は却って面白いデータではないかと思ひます」との返答があった。ただし、宮城県庁による見解と異なり、例えば入谷村（現・南三陸町）役場からは、昭和十四年三月十八日に入谷村長名義での書面の回答があり、「かのやき」「かのおこし」と呼ばれる焼畑が行われている旨の回答が得られている。

他方で、同時代の動向をみると、昭和十四年に発生した日本国内の食糧危機にともない、政府のなかでは、食糧生産や農地開拓の手段として焼畑が注目されるようになり、そのなかで焼畑の有効性が着目されていった。上からの焼畑再評価を、山口は「最近焼畑、切替畑の問題が新聞や雑誌に散見する機会が目立つて多い。（中略）此の様に一方では焼畑耕作と言ふ原始的農業を行ふのを物稀しげに、他方では焼畑耕作と言ふ稀有の耕作法発見により未開墾地より食糧が増産されるとて真剣に論じ、且つ書き立てゝゐる」とやや冷淡にとらえている（山口一九四二b）。さらに、「こゝで考へるのは、古い山村民が限りない冷害凶作に傷めつけられ、困苦して共同生活を遂げながら尚ほ此等の維持が容易ではなく、一部は棄て去られて林野に戻つた事である。且つ土地荒廃による災害の苦い経験は官民共によく認めて禁止政策を遂行し、漸やくこゝまで制圧されて来たのである。これを稀有の未開拓地、耕法発見と思い込んで思慮なく実行する時は数年ならずして再び焼畑の惨害を目の当り見ねばならなくなるであらう。我々はこゝで焼畑耕法に対し反省を試み、熟慮してこの運用を誤たぬ様細心の注意を払ふべきものと思ふ」と述べている。そして、焼畑を「原始的耕法」とみなして災害防止等のため抑圧してきたにも関わらず、「食糧増産の国策的見知より再び焼畑耕作を奨励せんと」する政策の不一致を指摘しつつ、凶作による山村民の移住の歴史を知った上で慎重な対応をとる必要を説いている（山口一九四二b）。

国による焼畑の「発見」をやや冷淡にとらえ、山村の歴史を知った上で慎重になることを説いていた山口であるが、昭和十八年には東北地方において再び焼畑の調査を始める。そのきっかけは、『地学雑誌』に掲載された山口の論文を読んだ大日本農会の常務理事から「戦時下の食糧増産に意味があるから、「焼畑と蕪菁」と題して何か書け」と依頼を受けたことであった（山口一九四四）。当初山口は、カブに関して資料が少ないため書けないと断ったが、「重ねて依頼されてみると、責任も感んじ、興味も湧いて来」たため、同年六月に山形県の尾花沢町牛房野《ごぼうの》（現・尾花沢市）に調査に行っている（山口一九四四、六車二〇〇四）。そうして山口は、カブに焦点化した焼畑慣行の調査を行い、さらに既発表論文を合わせ、昭和十九年に『東北の焼畑慣行』を出版した。なお、山口は昭和二四年四月二〇日の日付入りで「日本に於ける焼畑の農業地理学的並びに日本民俗学的研究」という表題の封筒を作成しており、戦前に発表した『東北の焼畑慣行』をさらに発展させる構想もあったことがうかがえるが、続編の執筆・出版は実現されなかった。

その後、焼畑は終戦直前の昭和二〇年七月に再びクローズアップされる。昭和二〇年七月二五日には湯河農商次官の名で「焼畑による雑穀緊急増産計画実施要綱」が各地方長官（北海道除く）に通達された（『読売報知』朝刊 一九四五年七月二六日）。全国的な焼畑奨励政策の実施に対し、山口は「焼畑開墾を物珍しい耕法でもあるかの如く叫び立て、ゐるのを、知るや知らずや、東北の一部では古くよりせつせと事実行つて来てゐるから力強い」と、焼畑を「発見」したかのような政策にやはり冷ややかな視線を注ぎつつも、「物言はぬ東北農民の固持してきた焼畑の古農法が緊急増産に採り上げられてゐるのも亦、東北農民の平時に尚僻遠な山地に凶作と闘ひ、苦労し続けて来た決戦生活の真価を発揮しようと、自ら武者ぶるひするのも、あながち私一人ではないであらう」（山口一九四五）と焼畑実践に意欲を示している。

しかし、焼畑による緊急食糧増産は大失敗に終わる。戦後、このことを回想した山口の文章を、長くなるが以下に示す。

終戦前後は私は岩手縣の一女学校の教頭の職にあつた。緊急食糧増産命令によつて、六原青年道場に召集され、知事自ら出馬して、不可能を可能にするといきまいて、各校に、五萬分の一地図で、六、七町歩以上の蕎麦の焼畑により作付を指令したものである。私は既に「東北の焼畑慣行」なる小著を世に問うて居り、六月頃、焼畑の部試作を準備し、農林省よりも、農学研究所の一講師を介して上京を促された事があつた。縣当局には明らかに当時私の研究のための離任を喜ばない事情にあつた。そして無謀な焼畑指令が七月の全く押しせまつた廿八、九日頃であつたかと思ふ。開墾地は江刺の一山地であつたが、この地方には近頃殆んど蕎麦の作付がなく、無理に生徒より集めた種子には、備荒貯穀の古種子が相当あつたかと思ふ。耕作にも、蒔付にも女生徒がふなれであつたと言ふこともあつた。然し主因は焼畑適地を無視した七町歩と言ふ山野を一面に起した事と、陸中では八月下旬と言へば適期が既に過ぎてゐる為に、実に見事に失敗して種子を生徒に返すにも困却する始末であつた。

（中略）学校当局者としても、焼畑研究家としても、相当な責任を感じ、八月中二十日間は学校に寝泊りして、真黒になつて耕してみたが及ばなかつたのは実に残念である。殆んど県下の各校が失敗したのであるから、特に責任を問はれるやうな事もなかつたが、第一直接生徒を指導した立場にあつたので、その他種々の因はあつたが、これが二十数年勤続の教職を無造作に去る決意を促した事は確かである。

焼畑は必ずしも東北特有のものではなく、むしろ南方に厚き観もある。粗放的開墾方法ではあるが、それだけ各地に育てられた夫々の慣行があり、深い山地の麓の肥沃な適地を順次小面積宛、切替式に開いてゆくなりして、労力にまかせて、一山悉く、大面積を焼払ふやうな事は決してしない。こゝで焼畑慣行を説かう等とは思はないが、如何に稀有な耕作法でも発見した如く、物珍しく官吏が机上でのみせきこんで計画を試みた結果が斯くなつてゐる点がないかと反省してみてゐるのである。

（山口一九四六：十四 - 十五）

このように、山口は東北山村の研究を通し、焼畑による食糧増産が困難をともなうものであり、かつ、いかに安易な発想であったかには気付いていた。さらに、それまで焼畑を「原始的耕法」として非難し圧迫してきた国が、手のひらを返して焼畑を奨励したことの身勝手さにも気付いていた。しかし、自ら国策と関連した調査を請け負い、焼畑による「食糧増産奉仕隊」を提唱し（六車二〇〇四）、戦争末期には焼畑の専門家として行政にコミットしつつ、勤務する女学校において焼畑作業を指導した。その結果、焼畑の失敗は山口に「二十数年勤続の教職を無造作に去る決意を促」したのであった。焼畑実践は、自身の研究と結びついた「国策」を山口自身が実践する機会でもあったが、その結果は失敗に終わることとなったのである。

【コラム3】 ノートの保管と利用

山口は生涯を通じてフィールドノートをはじめとする多くのノートをつくり、それらを大切に保管した。そのうちの一部は番号をつけて管理しており、『山口弥一郎選集』第十二巻及び『東北地方研究の再検討 天の巻』の巻末には自身が作成したノートの目録が掲載されている。旧蔵資料中にノートは三〇五番（欠番あり）までが確認でき、書棚に入った状態でも番号を確認できるよう背表紙に番号札が貼付されている。生涯に多くの転居を繰り返した山口であるが、それらのノートは現在までそのほとんどが残されている。

昭和二一年四月、岩手を退去する最後の日に山口は、大量のノートを詰め込んだ大きなリュックサックを背負ってバス停に立っていた。当時は荷物の輸送にあたって破損や紛失も多かったため、ノートだけは失ってはならないと自分の手許から離さないでいたという（山口一九七二b）。戦後に鉄筋コンクリートの書庫を建設したのも、ノートの保存のためであったということからも、ノートへの思いの強さが伝わってくる。

こうして現存するノートを利用方法や形態からみていくと、時期ごとの特徴と変遷があることが分かる。例えば昭和戦前期は特定のテーマを定めた個人調査を主に進めており、炭鉱、津波、凶作、焼畑、食習、市場など多様なテーマが小型のフィールドノートに調査順に記載されている。そのため様々な内容が一冊のノートに混在し、スケッチや図表などの情報も多い。また昭和戦中から戦後直後にかけては、農村社会を内側からとらえる試みを岩手県北上及び福島県会津で進めた時期である。日中は教師や農家として暮らし、そこで気付いた内容を夜や早朝にノートに記録する日々を繰り返した。そのノートは日記風の文章となっており、出来事を文字で記録してスケッチ画や図表等はほとんどない。また戦前のノートよりは大きいA5～B5版を中心に使っていた。

ノートの保管状況（平成7年11月4日・川島秀一氏提供）

その後、教職に復帰して学校の郷土研究部や文化財行政、地域学会などによる組織的・公的な調査を進めた昭和四〇年代頃までは、同時並行的に多様な立場・地域・テーマでフィールドワークを行うことが増えたためか、ノートも調査地別・テーマ別に作成されることが多くなる。また聞き書きの記録のほかにパンフレットや新聞の切抜き、会議資料の切貼りが増加し、大きさも次第にB5版に統一されてくる。またこの時期以降のノートは、現地での聞き書きの成果を小型のメモ帳にペン書きし、それをB5版ノート一ページごとに四枚を並べて貼り付ける整理方法が一般化するという特徴がみられる。さらに大学教員となって海外調査を始めてから退職後に帰郷して亡くなるまでの時期は、B5版が定着し、現地でのメモをはじめ調査記録や関係資料を貼付したノートが多い。特に海外調査のノートは航空機のチケットや領収書まで貼付けており、フィールドノートというより、あらゆる情報を詰め込んだ情報管理用のノートという性格が強い。

このように、ノートの利用方法や形態の変遷にも、山口が置かれた立場の移り変わりが反映している。こうして生涯を通じたノート利用の変遷をたどれるのも、山口自身がそれらを大切に管理して後世に残したからである。（内山）

三　戦中・戦後の農村に暮らす ―「寄寓採録」と「帰郷採録」―

（1）岩手・北上での「寄寓採録」

最初の著書である『炭鉱集落』を昭和十七年に出版したのを皮切りに、山口は『二戸聞書』、『津浪と村』、『東北の村々』、『東北の焼畑慣行』といった著書を次々に世に問うていく。主に磐城高女時代に行ってきたフィールドワークの成果を、昭和戦前から戦中期に著書の出版へと結びつけていった。また一方でこの時期の山口は、自身の生活を大きく変化させせながら新しい取り組みにも挑戦していた。それは、後に自ら「寄寓採録」・「帰郷採録」と名づけることになる調査実践である。

第一章で述べた昭和十年の日本民俗学講習会に出席した際、山口は柳田にこう言われたという。「有形の諸相の採録は、所詮は旅人の学問」であり、「君のような、永く東北の地域研究をしている者でも、北部地方の採録には、もっとじっくりと、岩手の農村にでも寄寓して、その土地のなまり言葉も覚えて共に語り、一緒に村の祭や、家の葬祭にも参加して、歌ったり、踊ったりしてみなければ、口頭伝承である民俗芸能などの言語芸術などはわからないよ」（山口一九七六b）。山口は生涯においても柳田から多くのことを学び、ことあるごとにそれを書き記しているが、特に様々な場面で参照したのは『民間伝承論』や『郷土生活の研究法』で示された民俗資料の分類とその採集法であった。すな

黒沢尻中学校の生徒と山口弥一郎（磐梯町蔵）

わち、「有形文化」、「言語芸術」、「心意現象」という学史上の有名な民俗資料の三分類と、それを解明するための「旅人の学」から「寄寓者の学」、さらに「同郷人の学」へという調査研究の諸段階である。講習会での柳田の助言は、当時の山口が磐城で実践していた「旅人の学」から、「寄寓者の学」へとステップアップすることを促すものであった。

山口は、大正十四年十一月から約十五年間にわたり勤務した磐城高女を昭和十五年三月に退職する。「私の研究の主眼とする三陸の最初の被害実態調査は、いつか、その土地に生き抜いた人々の民俗調査に移り、岩手県の海岸調査に通うには、磐城平からでは不自由を感じるようになった」（山口一九九五h）と、後に振り返っているが、調査の焦点が東北に絞られていくとともに、暮らしの内部に深く分け入った民俗学的なフィールドワークへと、自身の調査手法を変化させていたことも背景にあった。一方、勤務校では生徒の処分問題で校長と衝突していた時期でもあり、地理学の師である田中館には「真当な研究をするなら岩手に行け」と言われ（山口一九七五b）、以前、田中館の助手をしていた鈴木倉次の後任として黒沢尻中学校に職を与えられたのである（山口一九九一ａ）。

磐城をあとにした山口は岩手県黒沢尻町小林町（現・北上市）に住まいを定め、妻・ハルエとともに移り住んだ。北上川沿いの地域には以前から調査で訪れていた山口であったが、岩手での調査先として目をつけたのは、胆沢川扇状地に広がる散村風景であった。山口は黒沢尻中学と兼務して週一回、岩谷堂高等女学校にも通っていたが、そこは同校の生徒の通学区域でもあった。なかでも福岡村水押《みずおし》（現・北上市）という集落の昆野俊雄家を選び、その生活の記録を始めるのである（山口一九九一ａ）。

寄寓当時の福岡村水押の風景（昭和19年・磐梯町蔵）

水押は黒沢尻からは北上川を挟んで東側に位置する山間の盆地に広がる散村で、環濠を備えた中世以来の豪族屋敷が残る古いムラであった。昆野家はその豪族屋敷を本家とするカマド（分家）で、山口は週末ごとに通い宿泊しながら調査を進めた。しかし様々な要因から、それは順調には進まなかった。そのひとつに、山口自身の家族生活における大きな変化があった。妻・ハルエは病弱で、磐城時代から肺結核を患っていた。移住した当時は小康を得ていたというものの、その後に再び病状が悪化し、看護婦資格を持っていた山口の妹が北上へ通って看病を続けたが、その甲斐もなく昭和十六年一月元日に逝去した（山口一九八四）。山口は大晦日に学校での宿直を頼まれており、「看病していた妹より電話があって、急遽駈けつけてみると、殆んど意識はなく、苦しい息づかいから、静かに息をひきとっていた。」という（山口一九八四）。岩手での今後の生活や研究のことを考えて、ハルエの死後、かつての勤務先であった磐城高女の学校医であった大森勇が再婚相手の仲人を買って出たことで、話が進んだ。その年の五月には当時の同僚で英語の教員であった金澤コウを後妻に迎えることになったのである。しかしその年の暮れには太平洋戦争が勃発するなど、家庭も世情も大きな変化をみせていた時期であった。

こうした生活を数年続け、終戦が近づき始めた昭和二〇年にさらなる環境の変化が訪れた。担任であったクラスの生徒の特攻隊への応募をめぐり、校長と論争になったのである。その後、山口は「不意に、栄転という名の左遷を命じられて、東北本線より離れた片田舎の、岩谷堂高女の教頭へと転勤」することになった（山口一九七二b）。当時の山口は、著書を相次いで出版する一方で昭和十七年一月からは東北帝国大学農学研究所の研究員嘱託に着任したり、各地で講演の依頼を受けるなど、研究者として多忙になっていた。そうした動きに対して、学校では不信感が出始めていたのである。山口によれば、この異動は明らかに同研究所との兼務を事実上不可能にする意図があったという（山口一九七二b）。

旧蔵資料にはこの頃の悩みを吐露した記録が残されている。「雑言録」と題されたノートに記された「研究者の末路」（昭和二〇年一月二四日）という文章である。三陸津波の研究以来続けてきた東北の研究が少しずつ形になり、「こゝ数年私の研究者としての位置は自分の思ふより以上に評価されてゐる様である」とする一方で、「地方の中学校の先生としては器が少し大きくなりすぎて」しまった。「地方の中学校長や同りょうにはこの成長した研究家を入れる余はな」く、「種々の風評をまとめて学校を去る様にとの学校長の勧告をうけた」という。そこで師匠である田中館に相談したところ、当初は研究者としての受け入れ先を探してくれたものの、最終的にはひっ迫する時局下でもあり、ここは学校教員の職にとどまるべきとの助言を受けた。こうして山口は、「研究者としては当然の覚悟の受難であるが故に心をしづかにしてせつせと仕事にはげもう」と再び決意するのであった。

そして山口は、この「左遷」の機会を逆手にとって自身のさらなる研究の機会とする。「目指してきた寄寓採録を果そうとして、疎開者にまぎれて、友人の好意により、江刺の一古風な農家に間借りして住み込ん」だ（山口一九七二b）。昭和二〇年五月、稲瀬村十三《とみ》（現・奥州市）という集落の及川民寿郎家に、家族を連れて居候生活を始めたのである。水押での調査は、週末に泊りがけで行うという「やや定着した旅人の採録」であり「旅と寄寓の中間的なもの」に過ぎなかった（山口一九七五b・一九七六b）。山口は、この稲瀬村で真の「寄寓採録」を目指したのである。及川家は民寿郎と妻、それに息子の嫁の三人で暮らしており、息子二人は出征中であった。当時後妻として迎えたコウには長男・大二郎、次男・大三郎の二人の息子が生まれており、山口家の四人の家族は及川家南側の「デイ」と呼ばれる六畳間を与えられ、そこで暮らした。

山口はこの生活と採録を当初は一年ほど続ける目論見であった。しかし、これもまた途中で断念せざるを得なくなる。八月十五日に終戦を迎え、社会不安の増大や食糧の窮乏といった戦後の混乱が進むにつれ、自身の思い描いた農村研究のための生活も叶わなくなってしまったのである。九月になると出征していた及川家の息子たちも戻ってきたために同居家族も増え、またムラからは疎開者が次第に立ち退きを始めていた。こうして山口家の家族もそこに居続けるわけにはいかなくなった。さらに山口は、自身が携わってきた学徒動員を後押しするような活動への深い反省や、学校長との意見の食い違い、さらに実家での父の病状や自身の子供の成長のことなど、様々な要因から退職と帰郷を決意するに至る（山口一九七五ａ）。結果的に稲瀬村での寄寓採録は六か月間で幕を閉じた。

（2）会津での「帰郷採録」と家庭内問題

昭和二〇年の暮れ、食料の窮乏から逃れるためにまず妻と子供を新鶴村新屋敷新田の実家へと一足先に帰した。自身は昭和二〇年十月に稲瀬村から岩谷堂町田町（現・奥州市）に転居し、岩手での数年間の仕事の整理を進めた。そして翌二一年四月には学校に退職届を提出し、会津の生家に帰って家族とともに実家で暮らし始めたのである。

教師としての仕事を辞して生家に戻り、農家として暮らすという一大決意であったが、これにもまた山口は「一つの希望」を見出していた。それは、「同郷人でなければ感知出来ない、心意現象の採録」であり、柳田が示した分類に基づく最終目的を果たすことであった（山口一九七五ａ）。これを山口は「帰郷（帰農）採録」と名づけ、家族や村人とともに農村生活を送りながら一農夫として働きつつ、その生活を記録していったのである。北上における「寄寓者の学」から、郷里における「同郷人の学」へとさらなる学問的追求を目指したものであり、柳田民俗学の最終目的を果たす試みでもあった。当時行っていた農作業をしながらの聞き書きについて山口は、「小紙片を綴じて鉛筆を紐でしばり、労働着のさるばかまに、小さい袋をつけて入れ、田の除草をしていて、村人の話などからヒントを得ると、すぐ泥手を洗って、題目だけ記入、疲労による忘却を防ぐことを考えたりした。夜、この表題から記憶をよび戻し、想をまとめてノートにする」と述べている。こうして野良仕事やムラの共同作業などに精を出しつつ、日々の暮らしを刻銘に記録していった。

新屋敷新田での家族写真（磐梯町蔵）

しかし、またしても大きな困難が立ちはだかることになる。それは、生家で起こった家族間の様々な軋轢《あつれき》であった。山口は長男であるが、最初の妻・ハルエは病弱でもあり子供がおらず、後妻のコウに長男が生まれたのは山口が四〇歳の時であった。その頃には既に会津の実家では妹を養女とし、婿養子を迎える形で家督を継がせていて、その夫婦にも二人の子供が生まれていた。さらに弥一郎のもう一人の妹も、一度嫁いだものの出戻りで実家に暮らしていた。弥一郎の両親、妹家族、もう一人の妹という七人の家族が暮らす生家に、弥一郎が家族を連れて帰郷したのであった。農地改革により家財としての農地が整理され、荒廃していく農家に長男が家族を連れて帰ったことで、様々な家族問題を引き起こした。そのひとつは、女性間の不和であった。弥一郎の妻、母、養女である妹、出戻りの妹という一家に四人の女性が暮らしたことで、様々な確執が生まれた。また終戦のショックによる影響もあって父の精神状態や病状は悪化しており、この父に対する世話役としての責任をめぐっても、家族内では対立が起こった。さらに相続や家の財産をめぐる問題も大きかった。山口は自身もそして息子にも実家を相続させる考えはなかったが、本来の家督相続人である弥一郎とその息子が帰郷したことで、屋敷や農地といった家の財産をめぐって家族や親類、さらに村内にも様々な疑心が生まれたのである。こうして弥一郎家族は早くも昭和二二年の春には屋敷内での別居生活を始めることになる。帰郷してからの一年を振り返って山口は、「余りにも、一家庭、一部落の事件には過ぎなかったが、多過ぎる程の、実に堪え難い苦労があった。私の一生を通して、これ程に軽蔑、侮辱され、肉身の葛藤のみにくさの真只中にさらけ出され、あきれ果てたことはなかった。」と記している（山口一九七五ａ）。こうして、同年九月には農業の仕事に見切りをつけ、会津高等女学校に再就職して教職に復帰することになった。昭和二三年三月には実家を出て会津若松に移り住み、「帰郷採録」は終了した。

またこうした戦中・戦後の時期をともにし、三人の子を授かった二人目の妻・コウは、先妻と同じく結核を患って昭和二四年四月二〇日に永眠した。戦後に再び始まった山口の教員生活は、三人の幼子を連れての再出発となった。ここまでみてきたとおり、戦中から戦後直後の時期は山口にとって公私ともに多難な時代であったといえる。柳田国男はそうした山口に対して、「正直のところ君の周辺には少しく厄難が集まりすぎるが　是とても時代なり　こゝを活き抜いて新らしき人生を創立するのが　やがてハ愛児の為　従つて又故人の情愛の為かと存じ候」と記した激励の手紙を送っている（山口一九六九）。

（3）ふたつの「採録」とその成果

昭和戦前から戦中・戦後へと移りゆく時代のなかで山口が行った寄寓・帰郷採録は、混乱した社会情勢をはじめ自身や家族の身の回りに起こった様々な出来事など、多くの困難をともなうものであった。研究だけに打ち込める環境では決してなかったが、結果的には、そうした激変していく暮らしそのものが調査実践とその成果を厚みのあるものへといざなってゆくことになった。戦中・戦後の北上と会津におけるふたつの採録は、調査ノートとしてはそれぞれ三冊と八冊にまとめて記録されている。しかしそれがすぐに研究成果として世に出たわけではない。最もまとまった形としては昭和五〇年に刊行された選集第四巻まで待たねばならないが、旧蔵資料にはそこに行きつくまでの紆余曲折を物語る原稿などが残されている。

福岡村水押での調査については、著書『東北の食習』掲載の「自給の生活」「オフクデン考」や『集落の構成と機能』掲載の「固有集落の社会構造」など個々の論文にまとめられて発表されたが（山口一九四七a・一九六四）、「寄寓採録」として執筆した稲瀬村十三の生活記録は、選集以外には刊行されていない。しかし山口が残した旧蔵資料のなかにはふたつの原稿が確認できる。ひとつは「昭和二十年十二月稿」とメモ書きされた「陸中江刺・稲瀬村生活誌」で、もうひとつは「寄寓者の採録―陸中江刺の農村生活」と題した昭和二三年十月の原稿である。構成は若干異なっており、改訂を重ねていたようだ。包紙のメモによれば、山口は前者を昭和二一年四月二日に仙台の河北新報社へ送付している。山口は同社からは昭和二二年に東北民俗叢書のひとつとして『東北の食習』を上梓しているが、その裏表紙の続刊案内には『江刺の農村生活』が挙げられており、刊行予定であったことが分かる。しかし実際にはこの本が刊行されることはなかった。また後者の原稿は、当時毎日新聞社に勤めていた民俗学者の今野円輔に出版の相談をもちかけ、この原稿が今野を経由して柳田国男の手にわたった。日記には「寄寓者の採録―陸中江刺の農村生活記録23．11．16今野円輔君へ」と記載がある。未刊行の原稿にも関わらず、これが民俗学研究所第一回懸賞論文に当選したといい、賞として柳田から「山口弥一郎君 柳田国男」と署名した柳田の著書『日本昔話名彙』が贈られた（山口一九九三）。

このように寄寓採録の直後に執筆した原稿はいずれも刊行まで至らなかったが、山口はその後も出版の機会をうかがっていた。その形跡がみえるのが旧蔵資料にある原稿「東北民俗誌 陸中篇」である。これは昭和三〇年九月に起こした原稿で、おそらく同年五月に富貴書房から出版されていた『東北民俗誌 会津編』の続編として構想されたものと思われる。その目次は、「北上川流域開拓村採訪記」「稲瀬村十三部落民俗誌」「水押部落の民俗学的研究」「和賀の扇状地開拓」「胆沢の散居と生活」「散村の屋敷と耕地」「江刺地方の開発と集落の発達機構」となっており、水押や十三での調査に加えて岩手県内での他の成果をもとに構成されていることが分かる。戦後直後に出版することが叶わなかった寄寓採録を、岩手県内における民俗誌のひとつに位置づけようとしていた。

このように、昭和二〇年代と三〇年に稿を起こした寄寓採録の成果としての原稿は、いずれも出版されることはなかった。前者は戦後の紙不足などを背景とした出版事情によるものかと推察されるが、後者については包紙に「陸中民俗誌精書して他に改稿 保存のみする」と記され、出版されなかった事情は不明である。

（4）「農村随想」にみる戦後農村へのまなざし

一方、「帰郷採録」についても、その成果を盛り込んだ出版物の計画があった。それは農民社から刊行された「農村随想」というシリーズである。山口は同社から昭和二二年に『農村社会生活の行方』、翌二三年には『家の問題』の二冊を上梓した。これは帰郷採録中に家族との不和から家の中門に引きこもって書いたものだという（山口一九七五a）。いずれも生家のある新屋敷新田という農村を舞台とし、伝統や習俗に固執して戦後の新しい時代の波に乗り切れない農村への理解を示しつつも、それへの警鐘と今後農村が生き延びていくための助言を行っている。このシリーズは続編が企画されており、旧蔵資料にみられる記録や原稿からは、第三集『農村文化への悩み』、第四集『農村青年の研究』、第五集『農村生活の採録』、第六集『農業技術の滲透』、第七集『農村社会意識』、第八集『農村の家と屋敷』、第九集『農村機構』というラインナップで構想されていたが、いずれも出版には至らなかった（内山二〇二〇）。刊行された二冊についても、山口による研究の実践性を語るうえで重要な著書でありながら、現在では入手困難なものである。そこで、やや詳しくその内容をみておきたい。

まずシリーズ第一巻『農村社会生活の行方』は、「伝統の感情に引きずられ易いけれども、農業技術の面でも、村の心も大きく生れ変ろうとしている。このための我々の準備は十分とは言えなかったが、解けているもの、見通しだけでも、与えてやるのが我々の務めかと思っている」と「はしがき」に同書の目的が説かれている。生まれ育った農村を舞台に、伝統的な農村生活に戦後の民主的・個人主義的・自由主義的な思想をどう融合させるべきかという大きな課題である。同書が取り上げる個別的な話題は多岐にわたるが、以下にそのいくつかを紹介してみよう。

山口は新屋敷新田に戻って四か月ほど経ってから、母に代わってムラの寄り合いに参加するようになった。例えば第二章の「寄合い」では、村人の細かな感情や動きにも目を配りながら、そこで見聞したムラの意思決定のあり方に注目する。公会堂での寄り合いの開催や選挙での区長の選出など一面では民主化が進んでいるが、一方で発言力の強い人に議論が引きずられたり、日頃の茶飲み話や付き合いがムラの意思決定を左右するなど、実際には戦前以来のムラ運営のあり方や封建的な気質が変わっていないことを指摘する。農村社会は実質的な民主化を目指すべきであるとする一方、政策を伝える側の役人が末端の村落ではそれがどう受け止められて実行されているのかを見届ける必要があることを説いている。

第六章「農家の労力変化と調整」、第七章「自作と小作」では、農村における労働力の問題について、家の盛衰と村の共同性の観点から論じている。個々の家の労働力は、家族員

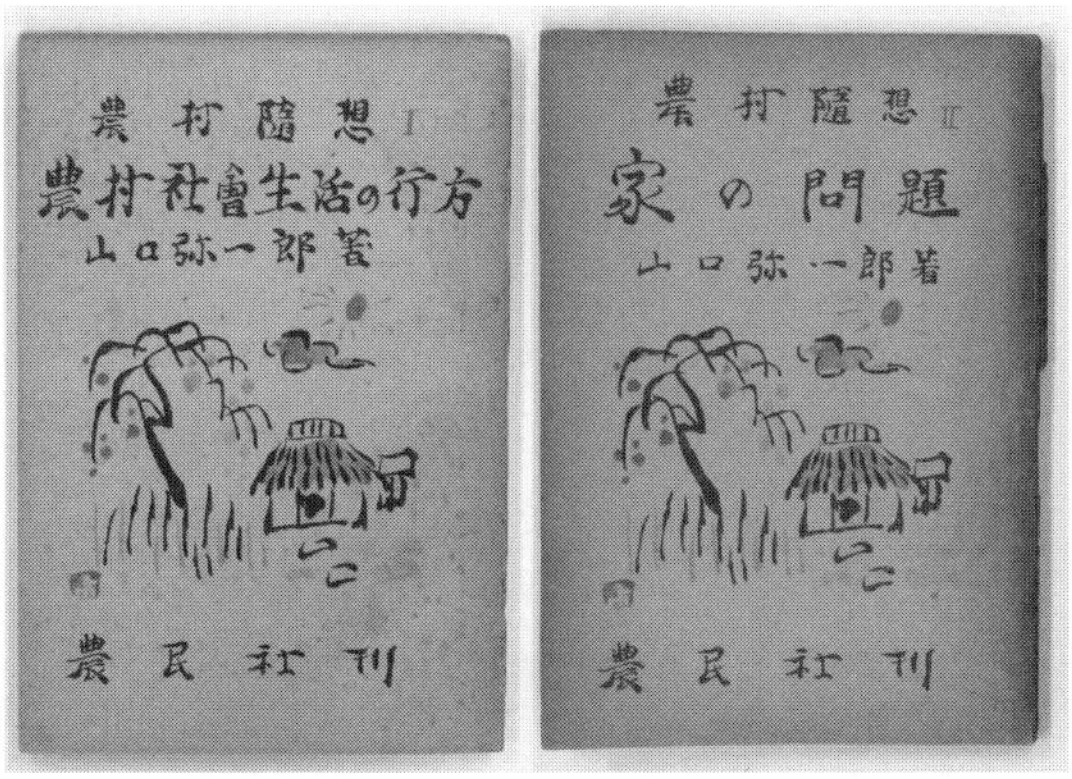

農村随想Ⅰ・Ⅱ（昭和22・23年）

の成長や加齢、戦争や引き揚げ等による人員の増減により周期的な盛衰があり、所有する耕地面積に対応した労働力を個々の家が常に維持できるわけではない。しかし、その一方で戦後の個人主義的な思想が浸透し、農作業の孤立化が進みつつある現状をふまえ、村全体の共同労働や相互扶助を維持する必要性を説いた。農地改革による農村の民主化を評価しつつも、労力の変化にともない耕地面積を調整する仕組みが必要であると主張し、従来の地主・小作関係を封建的遺習とのみ考えることへの警鐘も鳴らしている。こうした主張の背景には、当時起こっていた引き揚げ・復員による農村の労働人口の急激な増加と、農地改革による農地の細分化、農家の零細化という社会問題があった。

第二巻『家の問題』は、「農村生活の過渡期」に、封建的な家制度を排して個人を尊重しながら、同時に伝統的な家の継承をどう進めるかを考えた一冊である。まさに山口自身がその渦中にあった問題であり、進みつつある家の崩壊をどう食い止めるかという強い問題意識から書かれている。例えば第二章「家の崩壊」では、家制度の解体により若い世代に浸透していく個人所有観念と、伝統的な家観念との間で新旧思想の対立が起こっている現状を自身の家の事例から描く。家、屋敷、土地などを先祖から受け継ぎ後嗣へ引き継ぐ対象としてでなく、経済的な所有物として確保しようとする考えが若い世代に広がってきているとする。そこで、同章の最終節「新しい生活」で解決のためのひとつの提案をしている。それは、「祖先の位牌を護りつづけるものと、家とか屋敷、耕地を持つ者との関係を一応分解」することである。つまり、「家督」の継承者と「家産」の継承者を分けて考えるべきであるという主張である。従来の家督者としての長男は、先祖伝来の家や土地にその生活を縛り付けられ、両親を扶養する責任や社会活動の義務に至るまで多くの制約を負ってきた。今後は夫婦単位による個別の生活を尊重し、場合によっては先祖祭祀の継承だけを負い、老後の両親の扶養者を決めたうえで、離郷して独立した生活を送ることも認めるべきだと指摘している。こうしたことは、当時必ずしも長男が生まれてから死ぬまで生家で暮らすわけではなく、戦争や仕事、教育の浸透等によって長男が離郷する事例も増え、家の継承の形が多様化してきたことが背景にあった。

また同書で山口が繰り返したのは、農村青年への教育の必要性である。例えば結婚のこれからについても、山口家にみられる「肝煎縁組」のような家柄を重視した結婚や労働力の確保のための親の「野心」でのみ行われる結婚から、本人の意思による婚姻へと変わるべきであり、それには青年たちの高い教養が必要であると説いた。

以上のように、農村随想シリーズは現在進行形であった自身の生活体験を下敷きにして、戦後直後の農村における現実の生活課題に応える実践的学問を志向した内容であった。民俗学とともに強く意識されたのは当時の農村社会学的な課題であり、戦後農村における民主化と封建遺制との関係を対象にしながらも、農民の「心」(感情)の問題を焦点化したところにその大きな特徴があるといえる。なかでも『農村社会生活の行方』の最終章は「村の心」、『家の問題』の最終章は「家の心」で締めくくられており、帰郷採録が目指した同郷人による「心意現象」の解明を念頭に置いていたことは間違いない。心意現象を解明することで郷里である農村をとらえ、時代の変化に対応できるよう導くという、柳田の教えによる経世済民の学としての民俗学を強く意識した成果ともいえる。

また、二冊の本に底流しているのは農民自身の実践と「教養」への視点であった。山口は後に選集第四巻として刊行した「寄寓・帰郷採録」において、農村生活を客観視するための学問として農村社会学を位置づけたうえで、その「必要にせまられたのは、農民自身」であり、「これを農民自身の学問にしたい」と述べている（山口一九七五ａ）。農民の自発的な実践を促すための材料や姿勢を示すことを目指し、また農民の「教養」が必要であることを、様々な角度から説いたのである。特に強調したのは、村の外に出る機会の少ない女性への教育の必要性であった。この点は帰郷後に自身が家族関係において直面した大きな悩みでもあったが、一方で第四章でも述べるように、後に学校教員として復職してから進めた女子教育の活動にも直結していくテーマとなった。

（５）挫折・葛藤とその帰結

北上と会津におけるふたつの「採録」がひとつの到達点として世に問われたのが、戦後三〇年を経て刊行された『山口弥一郎選集』第四巻であった。前半が「江刺の農村生活―寄寓採録」、後半が「会津の農村生活―帰郷採録」で構成される同書は、前者が戦後直後に書き上げて未刊だった原稿を手直しする形で掲載されている一方、後者については既刊の農村随想シリーズとは異なり新たに構成し直されている。地理学者の竹内啓一はこの成果について、「旅の学問が主流であった日本の地理学にあって、参与観察、参与調査が実践されたまれな事例」と評した（竹内一九九五）。

「江刺の農村生活」は、昭和二〇年五月二〇日の稲瀬村十三・及川家への引っ越しから退去までの経緯に始まり、ムラの起こりや家屋とその住まい方、家族生活、農作業や共同労働、食習、民間信仰や年中行事、水利慣行、産育習俗、地方芸術（民俗芸能）など社会関係を主な視点とした民俗誌的な記述が続く。しかし一方で一般的な民俗誌と大きく異なるのは、戦時下という特異な状況を示す日常の記述であろう。例えば疎開者の移入や村人との付き合い関係、終戦後の疎開者の立ち退き、あるいは食糧・物資の配給や米の供出における家の対応などが、具体的に記されている。疎開者が移入後に疎開先の家で「部落会長」を招待して仲間入りの祝宴を催す話や、配給物資のうち酒だけはムラ全体の物として各戸には配布されず、寄合などの席で飲まれたなどのエピソードは、戦時下におけるムラの民俗として興味深い内容といえる。

「会津の農村生活」は、稲瀬村からの退去の経緯や退職の決意、さらに帰郷前後の生家における様々な混乱や軋轢を赤裸々に記すところから始まる。さらに生活記録を進める上での悩みや葛藤、自身の農村生活研究の方法と意義を説いたうえで、ムラの起こりや発達、寄り合いや共同労働、家族・親族、農業、衣食住、冠婚葬祭、年中行事などの記録が並べられている。民俗誌的な記述については「江刺の農村生活」と同様、終戦直後の農村における実体験が反映されている点が大きな特色といえる。またこうした内容の後に、農村の教育や農地問題、政治問題、農村・農家の経済、農村民芸、農村の疾病、村の風景という章立てが続く。農村の教育については既に述べた農村随想のテーマともつながる内容だが、特に農地問題や政治問題の章はノートに記された標題が挙げられているだけで内容は記載されていない。同書のあとがきでは、「あまりに生々しい、敗戦後の崩壊してゆく農村の家と村の変貌を刻念に書いたもの」であり、「名前を伏せても」「差し障りがあることを恐れるので、相当量が削除せざるを得なかった」と述べており、調査の手法自体がもつ困難性がここに表れているといえるだろう。

また、この選集に掲載されたふたつの「採録」は、当時のノートに書かれている文章が若干の手直しを経つつも、かなりの部分がそのまま反映されているという特徴を持っている。実は、寄寓採録と帰郷採録により作成された調査ノートには、その前後の時期に使用したノートとは大きく異なる点がある。それは、戦前に使用していたフィールドノートからは大型化していること、スケッチ等の非文字の情報がほとんど記されていないこと、そして記述の方法が日記風の文章になっていることである。それ以前につくられた現場でキーワードをメモする小型のノートから、一日の出来事や感じたことを振り返ってまとめるノートへと変化しているのである。こうしてつくられたノートの記述はフィールドノートと調査報告のいわば中間的な文章であり、それを再構成する形で出来上がったのが選集第四巻であった。最終的にこうしたスタイルでの記述を選択した背景には、当時の調査における葛藤があったと思われる。

北上の寄寓先と会津の生家における調査と生活経験は山口の研究者人生に大きな影響を与えた。のちに山口は、「旅の採録から、北上山村への寄寓採録、さらに会津への帰郷・帰農採録へと、柳田国男の教える採録を実践したこと」は、「私の学問の何よりの基盤になっている」と述べている（山口一九八四）。しかしその過程では多くの苦悩や葛藤を抱え、必ずしも自身の期待通りに研究が進められたわけではなかった。ここまで述べてきたように、その背景には戦時下の混乱した世情や、戦後困窮した農村というフィールド自体が抱えていた問題もあったが、最も大きかったのは調査手法そのものに対する根源的な悩みであった。それは、農村社会に深く入り込むために生活者として生きることを貫きながらも、一方で研究者として客観性をもって対象に対峙するという、相反する自身の立場である。調査の過程で山口は、農村に入り込めば入り込むほど客観的に記録することができなくなることに気付く。「農民になりきれば、絵を描くことも、文に書くこともできず、客観的に静かに自分の生活を観察することも不可能になる。こうしていくと、世に真実は存在しても、表現したものなど、ないかも知れない」（山口一九七五ａ）とまで述べ、結論として自身が行った採録は、「民間信仰の真底を解くまでの、系統立った採録になっていない」（山口一九七六ｂ）という評価を下すのである。

しかし一方で選集に掲載したふたつの「採録」に対しては、当初目標とした心意現象の解明とは異なる価値を見出している。それは銃後の農村の動揺、戦後の村や家の崩壊をその内側から記した記録そのものとしての価値であった。「柳田先生の期待される、『郷土人の郷土における採録』として、真の日本民俗学構成の資に満たないのではないか」としつつも、「前線で戦い、倒れた人々の尊い記録は、相当こまごまと報じられているが、背後の農村生活苦難の、生のままの記録」も「真実の記録としては、粗末にできない」（山口一九七六b）のであり、こうした記録を残すことは「私共民俗学徒の責務とも感じている」（山口一九七五a）と述べるに至る。ふたつの「採録」の意義について、最終的には柳田の教えから実践した当初の意図とは異なる価値をそこに見出すことになった。終戦から三〇年という時間が経過した後に世に出された『山口弥一郎選集』第四巻は、山口にとって自身の当時の営みを冷静に評価できたひとつの到達点でもあっただろう。そしてそれは、当初様々な形での出版を模索していたふたつの「採録」が結果的には研究論文としてではなく、ノートの項目や記述を最大限に生かした「生のままの記録」として刊行されたこととも無関係ではない。

また一方で自身が述べているように、戦中戦後における実践とその成果や反省は後の教育・研究活動にも大きな影響を与えることになった。特に会津において山口が主導することになる学校教育を通じた郷土研究や地域学会による調査実践、それらを通じた後進の育成、さらに文化財行政に関わる活動に至るまで、この時期に生まれた問題意識が色濃く反映されていくことになる。

【コラム4】幻の「内ノ浦実験部落」

宮城県鹿島台村内ノ浦（現・大崎市）には、戦時中、農林省による委託事業「農家適正規模に関する実験的研究」のもと、東北帝国大学農学研究所によって設置された「実験部落」が存在した。筆者（辻本）が、令和元年八月に今井雅之氏と現地で聞き取りを行った際には、高齢の住民であってもかつて「実験部落」が設置されていることを知る方はいなかった。しかし、現在、東京大学社会科学研究所に所蔵されている『農家適正規模實験部落設計書（第二年度）』（東北帝国大学農学研究所一九四二）をみると、農業に関する設備や作業を共同化することの効果をモデル事業的に検証する実践研究が実施されていたことが分かる。

内ノ浦実験部落での研究は、須永重光や加藤治郎といった東北帝国大学農学部所属の農学者が主導していたが、民俗学者として山口も関与し、調査研究のほか、加藤などの若手農学者に対しては聞き取り調査の指導等も行っていた（加藤一九九〇）。山口は戦時中、岩手県黒沢尻中学校教諭と兼任して、昭和十七年より東北帝国大学農学研究所の嘱託として調査研究にあたっており、その一環として、昭和十九年三月末に内ノ浦実験部落で調査を行っていたのである。

旧蔵資料には、その際の調査ノート「内ノ浦実験部落調査　宮城県志田郡鹿島台村内ノ浦　昭和

19．3．29〜」が残されている。この調査ノートをみると、山口が、他地域から内ノ浦周辺に干拓のため入植した人々の入植経緯や、入植後の生活に関心を絞って調査を行ったことがうかがえる。特に「入植後ノ生活ト定住性、帰郷シヨウトシタ事ハナイカ、部落組織ハ誰ガ中心トナッタカ、各地ヨリノ入植ノ村ノ結合融和ノ方法、先住民トノ関係、生活ノ確保ハ何時頃ヨリ出来タカ」といった、入植後の苦労や葛藤にまで踏み込んで調査項目を設定している点は興味深い。山口は、これらの調査項目に沿って、昭和十九年三月二九〜三〇日の二日間にわたり、山形県北村山郡長瀞村（現・東根市）から内ノ浦へ移住したある家の住民に詳しく入植経緯について聞き取りを行っている。さらに、昭和十九年八月十三〜十五日にかけて、その家のもとの居住地である長瀞村を訪れ、入植経緯に関する追跡調査を実施している。

上記の調査項目や山形県への追跡調査の記録をみると、山口の内ノ浦調査は、内ノ浦実験部落設置の本来の目的である「農家適正規模に関する実験的研究」に即して行われたというよりは、集落や人の移動と定着といった、津波研究や凶作研究につながる山口個人の学問的関心に基づいて行われたと考えられる。このように、内ノ浦実験部落は、農学のみならず、民俗学的な調査におけるフィールドとしても機能していたのである。（辻本）

四　学校教育と郷土研究

（1）教職への復帰と「社会科」への意欲

山口は生家を出ることを決めた昭和二二年、若松市にある会津高等女学校の甲斐校長に、教職への復帰について相談を持ち掛けた。ちょうどその頃、同校の社会科教員が市の教育課長へ異動となったため、後任として就職しないかという話になった。同年八月三一日付で発令を受け、九月から教員生活が再スタートしたのである（山口一九七五ａ）。当時、戦後の教育改革が進められている時期で、いわゆる六・三制の新しい義務教育の始まりに合わせてつくられた昭和二二年の学習指導要領（試案）において、従来の修身・歴史・地理に替わり新たに小中高校の教科に「社会科」が登場した（朝倉一九八八）。小中学校はその年の九月から、高等学校は翌昭和二三年四月から授業が開始された。戦後教育改革の柱となったこの社会科は、「知識を注入するのではなく、経験から学び、問題を解決する力を養うこと」を目指したものであり、民俗学の研究とも共鳴する内容であった。実際、柳田国男や昭和二二年に発足した民俗学研究所は、積極的にその教科発足のための準備に関わっていた（福田二〇〇九）。

山口は会津高等女学校着任当時、その後に担当することになっていた社会科についてこのように述べている。「社会科を受持つそうであるが、この細目はまだ文部省が第一試案程度を出ていない。今度の新制高等学校の切り換えなどにこそ、農村社会学の構想をもちこむのがよかろうと思う。生徒と接触する機会さえ多ければ、生きた農村社会を取扱ってみて、そこに私の一つの生きる道が開けようかと思う。」（山口一九七五ａ）。民俗学と農村社会学という違いはあるが、戦中・戦後に進めてきた自身の実践を新しい教育に応用しようとする意気込みが感じられる。ただし、山口が自身のフィールドワークや調査研究で得た知見を学校教育に活かそうとしたのは、これが初めてではない。既に述べたように、磐城高女では郷土研究部を立ち上げたり授業の一環として地域の伝承を採集させていたし、岩手移住後の黒沢尻中学校や岩谷堂高等女学校でも生徒たちに郷土調査を課題として与えるなど、教員として働き始めた当初からそうした活動は続けていた。しかし、それらは授業のカリキュラムとしては周縁的な取り組みであり、また課外活動として進めたものも多かった。一方、戦後の社会科はそうした自身の取り組みや問題意識が直接教科の理念に呼応するものであり、山口はこれまで以上に積極的に教科運営に関わっていった。

　小中学校に遅れて新制高等学校は昭和二三年度から発足し、会津高等女学校は会津女子高等学校（以下、会津女子高校）となった。山口はその前年九月に着任してから、新制高校の発足および社会科新設の準備のための会議や研究会等に参加するようになった。昭和二二年十二月に会津高等女学校を会場に旧制中学校の社会科研究会が開催されたが、その折、目前に控えた新制高校の発足に向けて社会科担当者での研究会の発足についても話題になったという。これはすぐには実現されなかったが、翌年の七月に若松市内の書店から、教員の手による「郷土誌の如きもの」の出版企画を持ちかけられたことがきっかけとなって、昭和二三年八月に会津女子高校を会場に「会津社会科教育研究会」が発足し、書籍の出版計画が持ち上がった。山口は研究会の初代理事の一人として名を連ね、また書籍の編集代表も務めている。書名は『会津地方の生活―社会科研究資料―』とし、新しい社会科を学ぶための本としてつくられた。企画を持ちかけた地元の西澤書店からは、新制中学や高校の生徒の参考になるだけでなく一般読者の読み物としても利用できること、さらに戦後の出版事情が刻々と変化しているため年内に出版することを条件として与えられていた。そこで山口らは急ぎ近隣の高等学校で社会科を担当する教師たちに呼びかけ、分担して執筆を進めた。研究会発足の翌月である九月末までに原稿を取りまとめ、十二月には刊行にこぎつけるという信じられないスピードで制作されたものであった。

この本の「はしがき」で山口は、「その地方だけの特異な、孤立した文化のように取扱つた」「古い郷土誌から脱」して、会津の文化と日本の文化を「対比検討」することで「郷土の生活」を「絶えず検討」することを目的に掲げている。（1）自然環境（2）文化の発達（3）産業と生活（4）村や町の発達（5）交通（6）政治（7）教育（8）観光（9）民俗（10）方言（11）人口という全十一章からなる内容のうち、山口は（3）のなかの「奥会津の開発」及び（9）（11）を単独で、さらに（4）

を依田信義と共同で執筆した。例えば（9）民俗は、1．衣・食・住、2．部落生活、3．年中行事、4．民謡・昔話、5．伝説、6．俗信の節からなっているが、会津各地の事例に加えて東北などの事例も散りばめられており、地域間の比較の視野をもった内容とも読み取れる。

また上述した通り、社会科発足当時は柳田をはじめとして民俗学関係者の間でも社会科に民俗学が大きく寄与できるとする考えが広まり、雑誌『民間伝承』にも関連する特集や記事が盛んに掲載された。そのなかで、昭和二三年十二月から約一年にわたり特設された連載「社会科の頁」のうち昭和二四年五月発行の第十三巻第五号に、山口は「衣服資料取扱いの試み」と題した文章を寄せている（山口一九四九ａ）。自身が勤務する会津女子高校におけるひとつの授業実践の例と、その過程で浮き彫りになった課題や悩みを吐露した内容である。

山口はまず生徒たちに、柳田国男・関敬吾著『日本民俗学入門』の「衣服」にある一二〇の質問項目を提示し、自分の家の母や祖母への衣服に関する聞き書きを課してノートをつくらせた。こうして提出された四〇冊のひとつひとつに批評を加え、さらにそれらを「晴着、平常着、仕事着、着方、袴、帯」など十六項目に分類したうえで、生徒たちにそのなかから希望する研究題目を選ばせてグループを編成した。グループ内でさらに細かな担当を決めると、四〇冊のノートから該当する資料をカード化していく作業を進めた。研究にあたっては関連図書の利用を促したり、ちょうど東北を旅していた民俗学者・瀬川清子を学校に招き「服飾民俗史」についての講演会と座談会を実施するなどした。こうして出来上がったカードをもとに生徒たちは研究レポートを作成し、そこに山口は『服装習俗語彙』などを参考にしつつ全国資料から対比できる情報を書き込んでいった。最後に発表や討議を行って仕上げとしたのである。

このような実践の過程を「資料採集」「資料整理」「討議研究」という三段階に分けて報告しているが、山口はその意義や課題を次のように述べている。すなわち「社会科の研究が、生徒各自の選んだ問題、方法によつて展開してゆこうとするのは、嘗ての詰め込み主義教育よりは一つの進歩」であり、「自分の生活身辺の事情を理解するには大変役立つた」一方で、民俗学研究としては、「手のとどき易い郷土資料、特に自分の住む村や町の資料に止まつて」しまうため、全国資料との対比などの面で教師の指導が重要となり、それでも「余りに見解の狭過ぎ、独断におち入り易い」ことを不充分な点として挙げている。さらに社会科の授業としての面では、採集された資料の多くが過去の資料であったために、「現在のわれわれの衣服がどんな変化を辿り、どんな見透しにあるかを考えめぐらす能力を養うのには無関係のようにみえ」、「社会科の目的は果されていないようではがゆくてならない」とその心情を吐露した。文章の最後では、「民俗学とは実に密接な関係があり、民俗学の充分な素養がなければならないが、社会科はやはり独立した一つの目的をもつ、最も貴重な一教養科目であることを充分自覚して取扱う必要がある」と結論づけている。

報告された授業実践は民俗学の調査研究そのものといえる内容だが、それをそのまま社会科の授業として行うにあたっては研究としても教科の目的としても不充分な点があることを、山口は自らの経験から説いたのである。杉本仁はこの山口の指摘について、「多くの論者が社会科を民俗学で囲い込もうとしたのに対し、社会科の独自性を唱え、民俗学はその一部分として貢献できるのであって、社会科のすべてを覆うことはできないと主張した」もので、現場教師の視点から生まれた当時の柳田の意思を挫く重要な発言であると述べている（杉本二〇一一）。

（2）高校生とのフィールドワークと僻村・廃村へのまなざし

このような社会科の授業のなかで進めた民俗学的実践は、生徒たちを連れたフィールドワークへと展開し、さらに深く追求していくことになる。生徒数名を連れた巡検旅行のようなものから、ひとつの集落に一泊から数泊ほど滞在して行う本格的なフィールドワークまであったが、その中心は郷土研究部としての活動であった。会津女子高校では高等女学校時代の昭和二二年度に同校教員の高橋哲夫によって郷土研究部が創設され、翌二三年度には前年に着任した山口が顧問に就任し、そこから本格的な活動が始まった。年間に様々な活動を行ったが、発足後数年間のなかで最も大きなものは年に一、二回ほど山間奥地の「僻村」で行うフィールドワークであった。同校の百周年記念誌には当時の郷土研究部の活動が以下のように記録されている。

週五日制の土・日を利用して会津の僻地といわれる山村を尋《ママ》ね歩いた。山口弥一郎教諭の指導のもと、その地の年中行事や風俗習慣等を採録して歩いた。交通の便のない中でトラックに乗せてもらったり、近道のために沢を渡ったり、多い時は三〇㎞を超す強行軍の日もあった。こうして採録して歩いた採集カードは二〇〇〇枚を超した。

当時郷土研究クラブが尋《ママ》ねた本名村三条、東山奥の二幣地、西会津町弥平四郎、田島の針生、昭和村喰丸等には当時の面影さえ残っていない所が多い。十年後にはこうした生活は残っていないだろうと山口教諭がクラブ員たちに語っていたとおりである。近代文明の進歩とともに消えていってしまったこうした山村の記録は貴重な資料となっている。

（福島県立葵高等学校百周年記念事業実行委員会二〇一〇：一一三–一一四）

こうした郷土研究部による会津各地でのフィールドワークは、昭和二三年十一月の東山村二幣地《にへいじ》（現・会津若松市）を皮切りに、昭和二四年七月には本名村三条（現・金山町）、同年十一月には奥川村新町・弥平四郎《やへいしろう》（現・西会津町）、昭和二六年七月には東山村一ノ渡戸・二幣地（現・会津若松市）、昭和二七年七月には猪苗代町中ノ沢・達沢、昭和二八年には只見村田子倉（現・只見町）、昭和三〇年には北塩原村大塩・桧原などで行われた（小澤二〇二〇）。

このうち東山村二幣地の調査は前述した衣服資料調査の一環として行われたもので、女子学生六名

会津女子高校郷土研究部による
弥平四郎調査
（昭和24年・福島県立博物館蔵）

を連れて昭和二三年十一月十三日・十四日の二日間滞在した。現在では会津の奥座敷とも称される東山温泉から谷筋を十五キロほど入った最奥の地で、六軒の家からなる小さな山村であった。まだ集落に電気が通っていなかっただけでなく、麻を栽培して自ら織った麻織物の仕事着を身につけていたり、出産にあたっては座産が行われているなど、当時としても古い習俗が色濃く残されたムラであった。

また翌年七月二七日から二八日にかけて訪れた本名村三条は、女子学生四名を連れての調査であった。会津若松から宮下まで汽車、さらにバスで六里行って本名村に着き、そこから一里半の山を登ると谷底に広がる山間奥地の集落である。三条は当時十二軒の家が暮らしており、平家の落人伝説や中門造りと呼ばれる民家建築など豊かな民俗文化がみられたが、なかでも山口はじめ学生たちが注目したのはカノと呼ぶ焼畑と、住民たちが話す特有の言葉であった。三条では夏と秋に焼畑耕作を行い、栽培したソバやアワを主食として食べていた。また住民が話す言葉は会津のそれと比較すると標準語に近いきれいな言葉で、「三条のうぐいす言葉」などといった。さらに熊狩りなどで山に入った際に使う隠語としての山言葉も伝承されており、旧蔵資料にはこうした言葉の数々を丹念に記録したカードが残されている。

また同じ年の十一月には奥川村弥平四郎にも訪れている。飯豊山の麓に位置する弥平四郎は、当時四八軒のほぼ全てが小椋姓を名乗り、「部落婚」を維持した木地師のムラであった。木材の伐採からアラガタとり、轆轤《ろくろ》による整形、喜多方や若松への積み出しなどといった木地師の仕事を中心に調べている。いずれも交通手段の乏しい当時としては訪れることも容易ではない奥深い山村であり、山口は目の前に広がる生活のなかで生徒自らが調べるテーマを見つけ、考えることを重視した。以下に、当時の郷土研究部に在籍していた教え子による思い出のいくつかを紹介する。

初代部長を務めた三富八千代氏は昭和十九年に会津高等女学校に入学した。自宅から国鉄只見線・会津坂下駅へ行き、若松まで汽車で通学していたが、山口は教師への復職当初は新鶴村の実家から通っていたため新鶴駅から乗車し、毎朝一緒に登校していたという。戦後の学制改革後に郷土研究部が発足して活動を始めた頃、学校は週五日制であったため、主に土日の休日を利用して各地で採訪調査を行った。土曜日の朝早く出て一泊する調査が多かったが、調査地の民家に泊めてもらうためにはそれぞれ米を持参し、それを背負って汽車や自動車を乗り継ぎ、現地へ向かったという。戦後当時は紙も貴重であったため、「ザラ紙」を四つ折りにして切ったものを綴じ、それをノートとして使用した。実際に三富氏による三条調査のフィールドノートはザラ紙を何枚も綴じてつくられたもので、そ

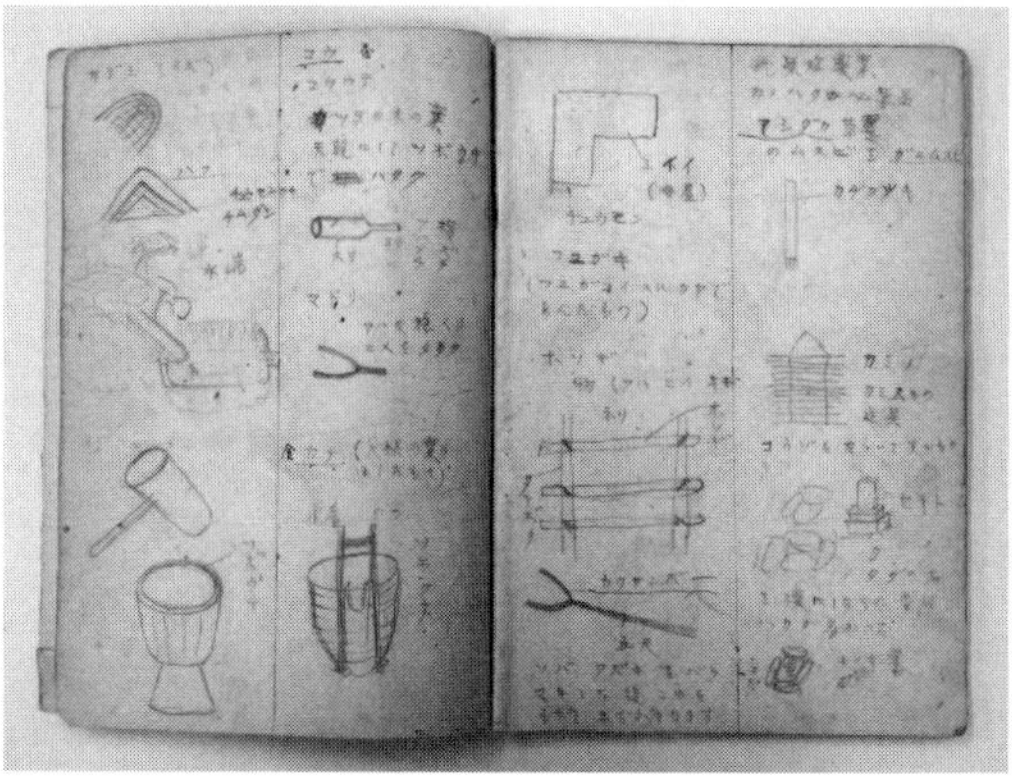

ザラ紙でつくった女子学生の三条調査のノート
（福島県立博物館蔵）

こに鉛筆書きで多くの聞き書きの内容と民家や民具等の豊富なスケッチ画が描かれている。佐々木長生《たけお》は山口のフィールドノートにみられるスケッチの重要性を指摘しているが（佐々木二〇二〇）、おそらく教え子にも同じようなノートの作成を指導していたものと思われる。

また千葉県から会津に疎開して会津女子高校に学んでいた藤田道子氏は、自身が参加した東山村二幣地での調査について、以下のように振り返っている。

　初めて先生が村の古老に話を聞かれるのを見た東山村二幣地探訪は、四十年を経た今でも鮮やかに思い出します。と言っても千葉育ちの疎開の子だった私は、まだ会津の言葉がよく聞きとれなくて、先生と泊めてもらった家のお年寄とのイロリを囲んでのヤリトリの中身を何もおぼえていないのですが、目で見る二幣地の暮しは珍らしく興味津津でした。

　まだ電灯がなくて石油ランプだったこと、麻布を重ねて刺し子にした布団、麻の野良着、初冬でしたが鉈で割って煮てもらったかぼちゃ、茶わんに一切れしか入らない程大きくてかぼちゃがきらいな私は死ぬ思いでのみこんだこと、漆黒の夜空を仰いで教えられた星座、いまもオリオンを見ると二幣地の夜空と黒々と静まっていた松の大木が目に浮かびます。朝早く起き出してみると炭焼窯からもうもうと煙があがっていて、夜通し火をたく人の暮らしがあること、そして、小さい女の子が「又来いよ」と言いながら真白い蕪を二つ呉れたこと。

折角の出合いでしたのに、何もわかっていなかったの一語につきる思い出ですが、このような勉強をしてみたいと思いました。かくて卒業までの三年間、先生の膝下で採録、山行に連れて行って戴き、お手伝いのアルバイトもさせて戴いて、何もかも先生を頼って過しました。思い出は山のようです。

（藤田一九九〇：二一六）

本名村三条への調査に参加した木下幸子氏は、「あの頃は、学校の郷土研究部の旅行に行きたいと云っても、娘が家の者と一緒でなしに、一人で旅行になど行くものではない。などと両親が反対する時代でしたが、先生が私の家までおいでになり、両親を説得して下さいましたので、やっと其の後の合宿旅行に参加出来る様になり、何も分らないながら先生に就いて歩きました。」（木下一九九〇）と述べている。山口は女子学生を連れて泊りがけで調査を行うにあたり、こうした家族への配慮も行っている。旧蔵資料には保護者が了承した旨を記した承諾書も残されており、そうしたいきさつを裏づける。

このような教え子たちの回顧からは、当時のフィールドワークが如何に困難をともなうものであったかが伝わってくるし、また参加した生徒たちにとって、フィールドでの経験が鮮烈な記憶として残されていることがよく分かる。また一方で、訪れたムラはいずれも廃村となるかもしれないという思いを山口は持っていた。実際に郷土研究部で訪れた集落のうち、二幣地や三条は昭和五〇年代に廃村となり、現在は存在していない。三富氏の回顧によれば、三条の集落へ向かう道すがら、山口は生徒たちに対して「おそらくこの道は、俺たちが最後かなあ。二〇年後にはこの道はないよ。」と語ったという（佐々木二〇二〇）。山口は女子学生への教育の一環として古い生活様式を残した山間奥地の暮らしの場を体験させたが、消えゆく村やその暮らしの記録を残すことも大きな目的のひとつであったと思われる。こうした視座は、次章で紹介する会津民俗研究会を主導して行った過疎集落の共同調査や文化財行政への関与とも接続していくものである。

ちなみに山口は、生涯にわたり何度も足を運んだ柳田国男邸に教え子を連れて行ったことがある。記録では昭和二七年四月二七日に会津女子高校の生徒三名とともに柳田の自宅を訪れており、そこで柳田は「民俗採集や女性問題の研究についての考えを話」したという（小田編二〇一九）。上述した瀬川清子を招いた講演会も同様だが、こうした中央の研究者との交流の機会をつくることで、山口は本格的な調査や研究を生徒たちに学ばせていた。おそらくそれは、「余りに見解の狭過ぎ、独断にお

会津女子高等学校郷土研究部による文化祭での発表
（昭和24年・三富八千代氏提供）

ち入り易い」と感じていた生徒たちによる社会科の研究や課外活動に、広い視野を与えるという意図もあったのであろう。

こうして進められたフィールドワークの成果は同校の郷土研究報告として発行され、今日に残されている。会津女子高校郷土研究部編『会津地方の住まいの言葉』（昭和二六年）が郷土研究部報告第一として発行され、昭和二七年には二幣地・三条・弥平四郎などの調査記録を掲載した『会津の僻村生活採訪録』が、それ以降も『会津地方の年中行事』（昭和二八年）、『田子倉及び尾瀬が原調査録』（昭和三〇年）、『会津の古建築及び大塩・檜原・早稲沢部落調査』（昭和三一年）まで、第一輯から第五輯が発行された。いずれも山口の指導を受けながら生徒たち自身が中心となって執筆したものである。

またこうした印刷物だけでなく、学校の文化祭での発表も行われた。例えば昭和二四年十月六日から十日まで開催された第四回文化祭では、郷土研究部は研究発表として「会津の古代文化について」と「三条滝訪問記」を行い、また「郷土の衣食住について」「会津の遺跡」「国宝の分布図」といったテーマで展覧会を開催している（福島県立葵高等学校百周年記念事業実行委員会二〇一〇）。翌昭和二五年度は、展覧会として①若松市の構成分析、②会津の古文化、③郷土特殊産物分布、④会津地方の集落構成、⑤模型地形の製作物といったテーマで展示を行い、また当時の部長による「獅子舞の研究」の発表の後に神指《こうざし》村東神指地区の獅子舞の実演が行われた（会津女子高校郷土研究部一九五二）。この文化祭での発表にみられるとおり、郷土研究部における活動は民俗学的な内容にとどまらなかった。山口が民俗学や地理学的な視点から活動の根幹を支えていたほか、考古学を専門とした二瓶清や、副顧問を務めていた歴史学の依田信義がそれぞれ指導を行い、学際的な活動内容であったことがうかがえる。

（3）田子倉ダムの建設と「奥会津田子倉生活調査」

このような女子生徒を連れた調査のなかでも最も大規模に行われたのが、只見川流域の只見村田子倉集落の調査であった。奥会津山間部の豪雪地帯を流れる只見川は、雪解け水による豊富な水量と高低差のある急流が、水力発電に適した河川として戦前から注目されていた。そしてその開発は戦後に本格的な動きをみせるようになる。昭和二一年には京浜工業地帯への電力源として奥只見が河川総合開発調査地点に指定され、さらに昭和二五年には「国土総合開発法」による「特定地域」の指定を受けて集落を湖底に沈める田子倉ダムの建設計画が発表された（関沢二〇一一）。住民等による反対運動や補償問題の交渉を経て、昭和二八年十一月にはダム建設が着工され、昭和三一年に五〇世帯が故郷からの移転を余儀なくされた。ダムは昭和三五年に完成し、水力発電では奥只見ダムに次ぐ国内二位の出力を誇る国内有数の水力発電所となって高度経済成長期における日本の発展を支え、また今日に至っている。

調査時の田子倉集落（昭和28年・磐梯町蔵）

　山口は昭和二二年七月二九日、宮下村役場（現・三島町）において福島県が開催した奥会津開発専門委員会に意見を求められて出席している。この頃山口は、地理学者として著名な小田内通敏とも交流をもっていた。小田内は明治四三年に柳田国男らが設立した郷土会に初期から加わって活動したほか、昭和五年には文部省嘱託となり、戦前の郷土教育運動を主導した地理学者である。戦時中の空襲で家を失い福島市に疎開していた小田内は、昭和二一年から奥会津開発協会の専門委員として活動していた（小田内一九五〇）。その小田内とともに委員会に出席した山口は、その席で「奥会津に古くより住みついた人々のつくる部落生活の詳細な実態調査」の実施を提言している（会津社会科研究会一九四八）。それは「町村役場の数字等に表れた程度の経済面だけの調査」ではなく、「衣食住や村組織、種々の行事等の外に、民謡、昔話、伝説等の言語による伝承、さらに占や呪、禁忌等の心意の問題まで手をさしのべ」るような調査であった。しかし、実際には奥会津開発協会や電源開発においてそうした調査は行われなかったし、また山口もそうした動きに加わったわけではなかった。

それから六年が経ち、ダム着工を目前に控えた昭和二八年八月、会津女子高校郷土研究部の活動として行われたのが「奥会津田子倉生活調査」であった。夏休みを利用した八月四日〜七日、三泊四日で行われたこの調査の目的は以下のように謳われている。ひとつは、「奥会津の古風な生活の中には残存している」と考えられる「中央文化地域より失なわれようとしている日本固有の生活」を調べること、もうひとつは、ダム建設により「失われる部落の伝統的生活様式を詳細に採録記述して保存すること」で、「たえ難い山村の犠牲」を払わされる住民に応えることであった（山口一九五五）。また水没により集落自体が失われることを念頭に、「出来得る限りスケッチ写真を多くとっておく」ことも記されている（会津女子高等学校郷土研究部一九五五）。

調査には山口弥一郎を中心とする教員三名、卒業生を含む郷土研究部の生徒二六名が参加し、これまでで最大規模のフィールドワークとなった。調査費用もこれまで以上に必要となるため、山口は「往復の自動車位都合してもらえないかと電力会社の営業部に交渉した」というが、「補償問題などで難渋している時の部落への刺激を恐れて、協力を得られなかった」。そのため、交通費は参加者が自弁し、宿泊費は郷土研究部の予算から支出、さらに雑費は山口自身が負担した。宿泊には民家を借りて米・野菜・味噌まで持参し、当番を決めての自炊生活であった。調査では、項目を①「自然的環境調査（地形・地質）」、②「歴史的調査（村の沿革等）」、③「農村社会調査（社会生活）」、④「民俗調査（衣食住・生業等）」、⑤「部落実態調査（人口・土地等）」の五つのテーマに分け、調査主任である山口と、同僚で日本大学地歴科を卒業した依田信義、北海道大学法経学部卒の金川孝が指導を行った。卒業生二名は助手として加わり、生徒たちは各担当に分かれて調査にあたった。

こうして生まれた成果は、翌年度末に郷土研究部が発行した報告書『田子倉及び尾瀬が原調査録』にまとめられている（会津女子高等学校郷土研究部一九五五）。地域の歴史や地理、自然のほか、生徒たちにより「だき屋」と呼ばれる曲家などの家屋、仕事着や晴着などの衣服、熊狩りや山小屋の生活、さらに古文書の翻刻などが報告された。集落がダムの底に沈んだ今となっては見聞きすることのできない重要な報告であるといえるが、現地には「田子倉ダム絶対反対」などの貼紙を掲げた家があったり、電力会社のスパイと疑われることもあるなど、これまでにない苦労をともなう調査でも

田子倉集落のダム反対のポスター
（昭和28年・磐梯町蔵）

あった（山口一九五五）。関沢まゆみは、日本におけるダム水没集落の民俗調査の初期の事例として昭和四〇年から各都道府県教育委員会によって実施された民俗資料緊急調査を挙げているが（関沢二〇一八）、それより十年以上も前に行われたこの「奥会津田子倉生活調査」はその嚆矢といえるものであり、また規模・内容ともに地域における組織的・総合的調査という性格をもっていた。

さらに山口は、教え子たちとのフィールドワークの成果に自身の会津での他の調査成果を加えて、『東北民俗誌 会津編』を昭和三〇年に著した（山口一九五五）。特に東山村二幣地、本名村三条、奥川村弥平四郎、さらに只見村田子倉の各調査については、前半の「山村民俗誌」で詳述している。なかでも「只見村田子倉民俗誌―湖底に沈む村の生活記録―」は、二幣地・三条・弥平四郎の各民俗誌が十〜三〇ページを充てているのに対して一三一ページを割く充実ぶりである。写真や図を多く用い、さらに教え子たちとの調査の経緯を記載するなど、同書の核をなしているといえよう。

同書で山口は、只見川電源開発の進め方について「あまりに世人の山野に図をひくような、机上プランに走っていた」とし、「道なきこの奥山をふみわけはいって、千古の大自然林を伐りたおし、カノに焼いて開拓して住みついた（中略）先祖の苦労を思いやってみる」べきであると指摘した。一方で、「私どもの力は微力である。そして電源開発の工事にも、水源争奪にも直接の関係はもたない」ものの、「会社や役所仕事で果せないものを同朋、特に、郷土人として果し、いけにえになる郷土人をいたわり、この古く祖の開いた習俗ながら、日本の固有の真の価値ある文化を記録、保存するために努力してみようと思う」とその意義を述べている。

民俗についての記述では、「五つのマキ」「村の共同組織」「衣・食・住その他」「山の村のこよみ」「シシヤマ雑記」「六十里越の峠交通」「山村の産業推移」といった章を設けて、主に社会生活や衣食住、生産生業などから地域の民俗を描いている。なかでも注目したのはマキ（同族）やシンルイ（親類）、オマエ（本家）やワカサレ（分家）などの民俗語彙をともなう親族組織と、組や無尽、講などの村落組織といった血縁・地縁による人と人、家と家とのつながりであった。またシシマヤと呼ぶ狩

『東北民俗誌 会津編』
出版記念講演会の看板（磐梯町蔵）

猟組織や彼らが使用した山言葉の数々、焼畑開墾や鉱山開発、さらに峠を挟んだ他地域との交通交易などを聞き書きと古文書から記述するなど、山村という自然環境を前提とした暮らしの諸相にも目を配っている。こうした記述から山口は、湖底に沈みゆく村が単なる家屋の集合体なのではなく、「古くから住みついた、一つの有機体的構成」であることを示すこと、さらに奥山を切り開き、山とともに生きた人々の暮らしを描き出すことを目的にしたのではないかと思われる。

　その最終章は「女子高校生の山村調査」として調査の経緯を具体的に記録しているが、最後は以下のような文章で締めくくられている。

> ダムが完成したとき、それらの工事関係者は再び大波のひくごとく立ち去るであろうが、その頃は又、湖底に沈む墳墓の地に、尽きせぬ名残を惜しみながら、村人もこのなつかしの四周の風景にも別れて、去ってゆくであろう。静かなる湖面が、苧巻岳、白登《マ》屋《マ》、浅草山の影を写すとき、村人は何処に去り、何を物語り、何を夢みて生活しているであろうか。私はその大挙した山村の人口移動の状態と、やがて立ち去る行方をもみとどけてこの報告書の最後を結びたいと念願している。その時はこの調査にたずさわった娘たちも、学校を卒えてそれぞれの道を歩き出すであろう。そしてこの調査研究の一筋の道だけは、私の健康である限り、他からの調査援助のあるなし、調査費の欠乏にも関せず、熱情をかたむけて果したいと願う。これがまた私の学究者として、老

いて郷土に帰り、郷土を思うせめてもの心尽しでもある。

（山口一九五五：二〇〇－二〇一）

古い生活を記録するだけにとどまらず、水没の前後から将来を見据えた村の変化やそれにともなう人の移動など、山口が持ち続けてきた生活課題への向き合い方がここにも表れているといえるだろう。

このような民俗誌が今日の我々にとって貴重な山村生活の記録となっている一方で、電源開発にともなう様々な対立や地域の葛藤といった田子倉における一連の出来事は、戦後に多くの文学作品の題材としても見出された。そして山口もまたこの田子倉での調査経験を主題とし、さらに戦中戦後における農村生活での体験を加えながら小説を執筆している。昭和四三年に文化書房博文社から出版された『ただみ川―郷愁への抵抗―』がそれである（山口一九六八b）。

主人公のひとりは田子倉出身の皆川慎一という青年で、戦地で終戦を迎えた後、ソ連での長い抑留生活を経て昭和二九年に日本へ引き揚げた。一方で戦死の報を受けていた実家では既に慎一の葬儀を済ませ、妻は慎一の実の弟と再婚し子供まで授かっていた。裏切られた慎一は失踪して行方不明となるが、単身、猪苗代湖畔の開拓地へ入植する。もうひとりの主人公である皆川真佐子は、田子倉の名主の農家から会津若松の女学校へ進学し、農家に嫁ぐものの嫁姑問題で離婚する。幼い頃から慎一に好意を持っていた真佐子は、慎一の失踪を新聞で知り、捜索して慎一を探し当てた。二人は再婚して開拓農家として暮らし始めるが、そこにダムに水没することが決まった故郷・田子倉の有志が夫婦を頼って移住してきたため、彼らとともに開拓地で新しいコミュニティづくりを模索する、という内容である。

ダムに沈む田子倉出身の主人公二人による物語であるが、ムラ社会やイエの伝統と戦後農村の混乱、農村への学校教育の浸透、生活改善・農業経営の近代化、ダム開発、引き揚げと戦後開拓など、山口自身が戦前から戦後期に実生活やフィールドワークのなかで直面した農村問題が随所に散りばめられている。山口はこれ以外にもいくつかの小説を生涯に書いているが、民俗誌とはまた違う形で自身の問題意識を公にする試みであったといえよう。

（4）農村の青年教育と生活改善

ここまで、学校教育を通じて農村が抱える現実問題を生徒たちに考えさせる取り組みを紹介してきたが、山口は同時期に、農村における青年教育も精力的に行っていた。昭和二四年に『社会科教育』という雑誌に寄せた「伝承と農村生活」という文章のなかで山口は、農村での暮らしを通じた「村の伝統生活からうける訓練」も教育のひとつであると指摘したうえで、以下のように述べている。

学校教育の長所と、村や町での伝統生活の土についた体験教育の長所とを、何んとかとり入れた、もっと大きな人間の教育が望まれてならない。それには学校に於ける社会科教育に期待するものが非常に大きく、地方青年には、一般通俗講座的のもののみでなく、学校教育の理智的なものをとり入れてやらなければならぬと思っている。

（山口一九四九b：三六）

学校教育といわゆる「ムラの教育」のそれぞれの良い面を互いに採り入れていくことが重要であると考えていたのであり、高校生を連れたフィールドワークの実践は学校教育にムラの教育をとり入れるための試みでもあった。一方で第三章でも述べたとおり、戦後農村の生活改善のためには青年自身に教養が必要であることを山口は強く感じていた。「人間の教育」の実現のために必要な学校での社会科教育と農村での青年教育は、それぞれ対をなすものであったと思われる。

この当時、全国各地の農村では青年団や婦人会などの活動として読書会や夜学会などを行う青年学級が広がりをみせている時期でもあった。福島県内でも昭和二三年の春頃から文化講座や夜間学修などの形で青年たち自身が自らの教養を高めようとする活動が自発的に実施されるようになっていた（今井一九六四）。山口は戦前の岩手時代、昭和十五年から二〇年の終戦まで岩手県胆沢郡相去村（現・金ケ崎町）にあった六原青年道場の教官を兼務しており、本務校とは別に週一回講義に行っていたが（山口一九九一b）、会津への帰郷後にはそうした青年指導の経験を買われ、各地の青年団や

『農村生活の探求』（昭和29年）

婦人会などに呼ばれて講演を行ったり夜を徹しての討論をしていたという（山口一九五四）。そこで山口は、昼に公民館などで開催する青年層のみの集まりにとどまらず、夜に集落の民家を借りて、集落単位で老年・壮年・青年、あるいは親子・嫁姑など異世代の人々を集めて家の問題や農業経営などを議題に講演やディスカッションを行った。「青年層や嫁だけで聞いたのでは、話題を家に持ちこめないが、じいさんや親・姑らと一しょに聞くと、無雑作な炉辺の討論にもなるとよろこばれもした」という（山口一九五四）。戦後直後の故郷での生活から、伝統的な農業の方法や封建的な村や家のあり方が改善されにくい大きな要因のひとつに、世代間のコミュニケーション不足があると感じていた山口ならではの発想であった。

　このような問題意識から戦後五年間で二〇〇回前後にも及ぶ青年教育を実践した経験をもとに、昭和二九年には富民社から『農村生活の探求』を著した（山口一九五四）。そのはしがきを「農村青年への書」と題した同書は、先に著した「農村随想」の二冊の内容を踏襲しつつ、当時の農村問題のとらえ方や考える材料を提供したものである。山口は当時全国的に展開していた台所改善や結婚簡素化、料理講習などを通じた生活改善運動は、地域の農業経営や伝統的な家族制度、農村社会の仕組みなどの基礎的な問題を等閑視している点で課題があることを感じていた（山口一九七三ａ）。本書では農村の実態に即して自身の経験から説き起こし、地域に伝わる民俗や農民の心情をふまえたうえで農業や家族生活、衣食住、農村生活などの改善を模索している。

同書において山口が目指したことのひとつに農村女性の教育がある。教養を身につけた女性が農村生活の改善の主体となることを山口は目指していた。学校教育を受けた女子は多くが都市生活へのあこがれを持つため、教育は都市への人口流出を促すのみで農村の改善にはつながっていないことを問題視した。そこで主張したひとつのアイデアが「女の農業」の構想である。女性には従来のような男と同じ重労働を課すのではなく、「家添いの畑・屋敷まわりの蔬菜・花卉の栽培や家畜の世話くらいにとどめ」、おしろいをつけたり、ちりめんを着てもできる農業を理想とするもので、女性は「生活技術の錬磨から解放されて、心の豊かな、頭脳で働く人間」となるべきだと説いた。これは学歴のある女性が都市へ流出することを防ぐだけでなく、嫁・姑問題などの女性に起因する家庭問題の解決も念頭に置いた構想であった。

一方で山口は、会津の生家で農作業をしていた時期によく見かけた、野良で働く女性が身につける編笠、フタハバテヌグイ（二幅手拭）、ジバン（襦袢）、サラッパカマ（猿袴）などの仕事着について、「見惚れるほどの、伝統による確固たるデザインになる野良の美装のショウをみる観がある」と述べている。それに対して彼女たちが町へ出かけるときに身につけるよそ行きの衣装は「単なる都市風俗の模倣」であり、「寄せ集めた乱雑さがあるばかり」と指摘する。このような「野良着の美装を再認識して、深い自信と誇りをもたせ」るために、「農村の衣装のデザインは、農民自身によって工夫発達させるべき」とも説いた。いずれも当時の女性が自分らしく生活することと、農村で生きることの両立のために主張した内容である。

こうして農村青年、とりわけ女性の教養を高めることと、教養を身につけた女性が無理なく農村で生きていける環境を整えることを目指した。ここまでみてきたことからも明らかなように、戦後に山口が進めた学校教育と農村の青年教育というふたつの教育実践の背景には、自身が進めてきた研究に加えて戦中戦後の生活体験が大きく横たわっている。研究、教育と農村生活は全て地続きのものであり、この時期の山口にとっての民俗学や農村社会学、地理学などの研究は生活課題の解決や教育現場に供するための実践性をもった営みだったといえる。

【コラム5】　死胎分離埋葬事件

昭和二八年五月の『民間伝承』第十七巻第五号に、山口は自身の経験した興味深い報告を載せている。それは以下のような話である。大沼郡宮下村で当時四〇歳の妊婦が死亡した際、集まった親類や村の人々は、「腹の子がもう少しで生れるまでになって死んだのだからこの仏様は浮ばれまい。必ず化けて七年間は、この家のむねにまつわりつくに相違ない」と語り合ったという。そこで女性の長男は親族会議を開いて胎児を摘出することに決め、村の医師に頼んで霊が祟らぬよう腹を裂き胎児を出した。女の双生児であったため、女性と胎児の三体の遺体をひとつの棺に納めて埋葬したが、警察署がこれを死体損壊罪として摘発し、関係者の取り調べが行われたという。裁判所でも判断できず法務府へと意見が問われると、柳田国男の指示で民俗学者の関敬吾が地元会津の研究者として山口を紹介した。

山口は法務府首席参事官の来訪を受け、「昔話の子育て幽霊とか、地中誕生などの伝承、おぼたき地蔵の伝説などをたくさん挙げて、過去に身二つにしてやった経験のある婦人科医師なども紹介」したという（山口一九八四）。子育て幽霊とは身ごもった女性が死んでそのまま埋葬された後、墓のなかで出産し、母は子を育てるため幽霊になって飴屋に買物に来ると語られる昔話である。おぼだき地蔵は会津の柳津にある地蔵で、ある人物が山道で赤子を抱いた乱れ髪の女性に出会い、髪を結う間赤子を抱いてくれと頼まれたので抱いてやると、女はお礼に大金を差し出し、その人物は大金持ちになったという伝承が付随する。山口はこうした地域の俗信をもとに、宮下村での事件は「子どもを腹から出して葬らないと幽霊になって出る。妊婦はいつまでも成仏できない。」という伝承が背景となっての行為であることを説明したのである（山口一九五〇a）。実際に依頼を受けて死者の腹から子を摘出した経験のある地域の医師にも、山口は話を聞いている。

後に参事官から通知があり、「死者の霊魂の安静を期するための風習で、奨励すべき行為ではないが、法の干渉外に放任すべき行為」として、無罪となり不起訴処分となった。山口は一連の出来事について、「私の民俗研究の成果で、一人の若者を無罪にしたようで、嬉しくてなりませんでした。」（山口一九八四）と語っている。いつ起こった事件かは不明だが、山口は地元紙『福島民報』の昭和二五年五月八日に「民間伝承の実在性―妊婦の死体解剖について」という記事を寄稿しており、事件そのものを扱った内容ではないが、おそらくこの頃に起こった出来事であっただろう（山口一九五〇b）。

安井眞奈美はいわゆる「身二つ」と呼ばれる胎児分離埋葬習俗と医師の関与、昔話・伝説との関係などを詳細に紐解き、前近代的な出産環境や生命観が現代的なそれへと移行する過程で現れた象徴的な出来事であったと位置づけている（安井二〇一四）。また同時代の学問的な背景からいえば、例えば柳田国男は戦後当時の民法改正について意見を述べるなどしており、法の整備や解釈をめぐって民俗学者が参考意見を求められるという出来事のひとつとして学史的には特筆される。またそれが柳田を中心とする全国的な民俗研究者のネットワークを通じて実現していること、そこに山口も位置づけられていたことがよく分かる出来事である。（内山）

五　文化財の保護と後進の育成

（1）東北地方農村生活研究所の開設

前章で述べてきた通り、戦後の昭和二〇年代を中心に学校教育と青年教育を通じて農村生活の改善・向上を目指してきた山口は、その活動拠点とすべく昭和二八年十二月に当時の若松市河原町の自宅を私設の研究所として開放した。「東北地方農村生活研究所」と名づけられた同所は二〇〇万円の私財を投じて建設されたもので、建坪二五坪、二階建ての建物に八〇〇〇冊の蔵書を収蔵し、二階の八畳間は無料宿泊所として公開された。旧蔵資料にはガリ版刷りの「設立趣意」が残されている。当時の山口が抱いていた研究と農村に対する思いがよく表れている文章であるが、公刊されたものではないため、やや長いが以下に引用する。

東北地方農村生活研究所　設立趣意

農村生活の向上がさけばれては久しい。近年は官制による農林省農業改良局の末端が地方事務所の農業改良課などにあって、専任の農業改良普及員という形になり、生活指導にたづさわっている。農業協同組合、文化協会、公民館、教育委員会の社会教育課などにも、夫々生活指導の面があって働いている。農村にあっても、婦人会、青年団などがあって、積極的に、具体的問題にとりくんで、成果をあげているのがある。

しかし農村にはぬけ難い伝統と、生産と生活が結びついて、解きほごすのが容易でない上に、農業そのものにも特殊性があって、その向上をはかるにはいろいろの困難がある。あせって苦労しているほどには成果があがらず、その成果にも盛衰があって、めぼしい活動を始めたようでもたちまちゆきづまって投げ出してしまうような例があまりに多い。文化の向上、生活の改善などは永い間の努力の積みあげの上に成長してゆくもので、ちょっとの成果をあげては投げ、また別個に新たに始めるようでは、容易に向上は果せないと思う。

官制のものには予算的裏付けがあり、公的機関を動員してきびしい規約によってしばりつけ、もっとも期待できるものであるが、事務的処理に追われ易く、改善を要するようになった基礎的問題や改善をはばむ諸問題を、風土や伝統に結びつけて解明する努力は不足勝ちのようである。農民自身の運動は実に切実なものであるが、目前の末端な改善に追われ易く、ゆきづまれば投げ出す外、すべを知らない類のものが少くない。これらの底にひそむ基礎的問題を解明する学問も漸次発達して、官、公、私設の研究所並びに諸大学などでも、専門の学者が夫々の問題にとりくんで研究の成果をあげている。しかしやはり学者は象牙の塔にこもり易く、学問的な解明には専念するが、これが普及には怠りがちなどころか、これは学者の道にそれるものとして、時折の講演会や著書、雑誌などに成果を公表するが、この普及されないのは農民側の責であると思いこんでいる人さえある。

農民は自分等の直接の問題で日夜苦労し、悩んでいるが、これを積極的に改善するすべを知らないか、学者の研究成果には全くあづかり知らないかにみえることさえある。学者は研究室の奥深くこもって、ガラス窓ごしに農民のついてこないのを彼等の責とし、農民は学者の研究を全く彼岸のことのように思いがちである。この溝を埋める責と努力を誰れかが負わなければ、農村生活向上の実績はあがらない。

私のたどった道はか細くよろよろとしたものであるが、経済地理を専攻し、東北地方に地域を限定してからはこれを生活を解く学問と心得て、社会経済史学、民俗学、農村社会学などの門をたたきながら、はるかなるものではあるが東北地方農村生活を研究しようとする明るい道にたどりついたように思う。

東北地方の農村生活は貧しい。それを向上させたい念願に燃えている。それにはめぐまれない風土と古くからの伝統がからみついている。東北地方の文化は古くから中央文化が波のようにつぎつぎと押しよせて積みあげられたものであり、風土性と結びついて古い名残を比較的多くとどめている。これを解くことは、一つは日本固有の文化を解明することにもなり、学問的価値も非常に高いと思われる。

この基礎的問題を解かないで、とびついた生活改善はたちまちにゆきづまり、崩れ易い。目さきの問題の一つ底にひそむ研究などは、このめまぐるしい生活に追われていては誰れにも多く期待をかけにくいように思う、。私は三十年間ほどのせまい東北地方の研究の経験からではあるが、誰れかは果さなくてならないこの問題にとりくんでみようと心得ている。

この研究には、生活に追われる婦人や青年たちも全く興味がないわけではない。適当な相手と機関がないために、手をつけにくいではないかと思う。

これらの下積みの研究を官公的機関にゆだねることも無理であろうと思うから、私的なものではあるが、郷里に私の家族の住宅をかねた研究所を建ててみた。永いあいだの東北研究の資料が若干ある。これを広く貸出すことはできないが、利用してもらおうと思う。食事までのお世話は出来ないが簡易な会合や数人の宿泊の場所は提供しようと思う。そして、研究問題をもって訪ねられる者には、とても指導などはできないが及ぶ限り相談にはのってみようかと思う。

（後略）

この趣意文から、山口は当時の農村生活の改善には少なくともふたつの問題があると認識していたことがうかがえる。ひとつは学問研究と農村生活の乖離である。専門家による研究は地域の目線で行われること、またその成果が生活者に届くことが重要であり、一方で農民は研究者の声に耳を傾けてその成果を活用すべきであることを説く。またもうひとつは、公的機関による生活改善の動きへの不満である。それは「風土や伝統に結びつけて解明する努力」が足らず、農村問題の根本的な解決につながっていないと指摘する。

そこで、農村問題の解決とそのための研究を志す者を支援するため、自身の所蔵する資料を公開し、またこれまでの経験や実績をもってその相談に応じる施設として研究所を開設したのである。自身は同研究所の「主宰」を名乗った。前章で紹介した著書『農村生活の探求』は「当研究所の第一の報告書」と位置づけられており、同研究所の活動が当時進めていた学校教育や青年教育における実践と同じ趣旨をもっていたことが分かる。さらに昭和三二年十二月には同じ敷地に鉄筋コンクリート建ての「東北研究書庫」を増設し、研究所の充実化を図った。この書庫は書籍だけでなく採集ノートの保存を第一に考えて建てられたものであったが、後に山口は自身の研究が多くの協力を得て実現してきたことをふまえ、「これらの資料は、次代の研究者に引継がなければならない」と述べており、研究資料を後世に残すことも念頭に置いたものであった（山口一九七二b）。

（２）文化財行政と自治体史編纂

会津高等女学校（会津女子高校）に復職して以来、山口は同校に昭和三一年三月まで勤務し、同年四月からは会津坂下町の会津農林高等学校（以下、会津農林高校）に校長代理として転勤した。山口はその翌年である昭和三二年一月に福島県文化財専門委員に就任し、それ以降、文化財保護や自治体史の編纂といった文化行政に積極的に関わっていくことになる。

日本が全国的に戦後復興から高度成長の時代へと変貌を遂げていたこの時期は、その一方で伝統的な生活とともに失われゆく民俗が次第に文化財として制度のなかに位置づけられていく時代であった。昭和二五年に文化財保護法が制定され、「有形文化財」のなかのひとつとして「民俗資料」が文化財保護の対象になり、さらに昭和二九年の第一次改正では「重要民俗資料」として改称されて独立し、無形の民俗資料の記録選択制度も生まれた。その後、昭和五〇年の第二次改正で重要有形民俗文化財・重要無形民俗文化財の指定制度が誕生して初めて法的に「民俗文化財」という言葉が成立することになる。そうした国の動きに合わせて、県でも文化財の制度を整備し指定を進めていく必要が生まれ、専門家として山口に声がかかったのであろう。

昭和三二年三月に行われた福島県文化財専門会議資料によれば、山口の専門は「民俗、無形文化財」と記されている。その当時はまだ美術品などが主であり、指定された民俗資料はほとんどなかったが、指定候補の検討に向けて県内の民俗資料や民俗芸能の調査が徐々に進められるようになった。昭和三六年には岩崎敏夫も専門委員に加わり、二人が県内の民俗文化財に関する調査を先導していく。なかでも精力的に進められたのは、当時無形文化財から無形民俗文化財へと位置づけが変わっていった民俗芸能の調査であった。山口は戦前に磐城民俗研究会のメンバーと獅子舞を記録したり、岩手時代にも周辺の芸能をみてはいたが、必ずしも専門的に研究を行ってきた分野ではなかった。そこで相馬野馬追や会津田島祇園祭などの県内の祭りや獅子舞などの民俗芸能を精力的に調査し、基礎的な情報の集約を進めた。福島県本宮町（現・本宮市）出身で、当時早稲田大学の教授をしていた民俗芸能の専門家である本田安次からも助言を仰ぎながらの調査であった。また同時に伝統工芸技術についても、岩崎とともに担当した。無形文化財としての制作技術や民俗資料としての制作用具などの指定に向け、山口は会津本郷焼や会津絵蝋燭《ろうそく》の制作技術を記録している。こうした文化財専門委員としての仕事をベースとした成果は、『山口弥一郎選集』の第八巻（伝統工芸）と第十巻（民俗芸能）に集約された（山口一九七三b・一九七六a）。

また山口は県文化財専門委員に着任してから、考古学や古代史にも関心の対象を広げていった。勤務先の会津農林高校があった会津坂下町では町史編纂が進められており、山口はその顧問も務めていた。そこで、地域では中世豪族の舘跡という伝承があった亀ケ森の測量調査を行っている。昭和三二年十一月、高校の林業科の教員と生徒十三名をつれて実測図を製作し、その結果、前方後円墳（のち亀ヶ森・鎮守森古墳と命名）であることを提示した（山口一九七四）。翌年には会津若松市の田村山古墳や大塚山古墳などの測量も行い、それぞれいずれも前方後円墳であることを明らかにしている。いずれも後に発掘調査が進み、このうち亀ヶ森・鎮守森古墳と大塚山古墳は国史跡に指定されるなど、現在では東北を代表する巨大な古墳として知られている。山口はこうした地域の代表的な古墳の初期の調査に携わり、古代史に関する著書『古代会津の歴史』も執筆している（山口一九七四）。

当時の文化財保護行政に関わる仕事を通じて、山口は民俗芸能や工芸技術、考古学や古代史という自身にとっては新しい分野での地域史研究を進めることとなり、そうした視点は並行して取り組むことになった自治体史編纂事業へもつながっていく。昭和三〇年代から、自治体がそれぞれの歴史を編纂する動きが全国各地で始まり、特に高度成長期にかけて急速に広がった。山口が初めて自治体史編纂に関わったのは、昭和三四年に刊行された自身の故郷である新鶴村の『奥州会津新鶴村誌』であった（新鶴村誌編纂委員会一九五九）。当時の村長で小学校時代の恩師でもある山口武美に請われ、一度は断ったものの最終的に執筆を引き受けた。自然、歴史、社会経済、民俗などといった総合的な視点から構成された内容であり、昭和三三年七月・八月を調査に充て、九月から十二月までの間に二〇〇字詰め原稿用紙一八〇〇枚を書き上げたという。山口はその「あとがき」において、お互いをよく知る人々が多く暮らす故郷の郷土誌を書くことについて、「隅から隅まで知っている育ての親の前で、ストリップショーをしてお目にかけるようなものである」という独特な言い回しでその難しさを表現している。

その後、山口は会津を中心に県内各地の自治体史の執筆や監修を行うことになるが、その最大の事業は『福島県史』民俗編の編纂事業である。全国的な自治体史編纂の動きのなかで、「民俗編」が独立して刊行されるようになるのは昭和三一年・昭和三五年に刊行された『宮城県史』の「民俗1」「民俗2」を端緒とする。続いて昭和三七年に『秋田県史』民俗工芸編が、さらに『福島県史』の二三巻「民俗1」・二四巻「民俗2」がそれぞれ昭和三九年と昭和四二年に刊行された。このように民俗編単独での刊行は当初は東北を中心に進められたが、『福島県史』は全国でも三番目に生まれた県史民俗編であった（福田二〇一四）。山口は昭和三七年七月に県史編纂委員に就任し、岩崎敏夫や和田文夫らとともに二冊の民俗編の刊行に中心的に関わった。民俗1は概説に加えて会津・中通り・浜通りの民俗誌、さらに個々の系統別に分けた民俗芸能の記述を中心としているのに対し、民俗2は衣食住や生業といった項目別に県内の民俗を紹介する内容と、昭和三九年に県教育委員会が調査・刊行した民俗資料緊急調査報告書『福島県の民俗』の再録から構成されている（福島県編一九六四・一九六七）。いずれも巻末には近世における地域の民俗が記録された風土記風俗帳の翻刻を掲載した。これらは文化財専門委員として行った県全域における調査の成果も活用されている。また当初一冊の予定であったものを二冊に分け、いずれも一〇〇〇ページを超える大部な内容にしたのは山口の功績であったという（山口一九九一a）。

近年刊行される自治体史は、価格や装丁、構成などの面において地域住民が手に取りやすく親しみやすいものが増えてきたが、当時の自治体史はそうではなかったし、『福島県史』も一般の人々が目にする機会は必ずしも多くはなかった。山口は「限られた人々の研究の資に供されたに過ぎない」県史から、そこに掲載した民俗誌のうち自身が担当した「檜枝岐村」「只見町石伏」「安達東和町」「石

『福島県史』刊行記念写真（磐梯町蔵）

川大東村」の四篇を選んで改稿したものをまとめ、昭和四七年に新書『過疎村農民の原像—南奥羽の民俗を追って』を刊行した（山口一九七二）。昭和四〇年代以降、全国的に「過疎」という言葉が普及するようになり、高度経済成長による都市の人口集中（過密）と併せて進んでいた地方の過疎化現象が社会問題となっていた。そうしたことも背景に、中央の新聞各紙が書評を掲載してこの本は大きな反響を呼んだ。当時の現代人が忘れつつあった「秘境」に残された「先人の知恵」や「日本人としての心の生活」を描いたものとして多くの人目にとまり、「中央で軽いベストセラーになった」という（山口一九七四・一九八四）。

（3）地域学会の牽引と共同調査

昭和四五年、山口弥一郎が発起人となり福島県会津地方で民俗学を志す人々が集まって会津民俗研究会が発足した。五月十七日に会津若松市公民館にて「創立総会」が行われ、山口はその会長に就任した。同会の発足について、翌年に刊行された『会津の民俗』創刊号で山口は以下のようにその喜びを語っている。

私自身は手離さないできた研究ではあるが、果たして次代の人々に引継げるものかどうか、危ぶんでもいたし、事実、手始めた人も無かったわけではなかったが、入るに易く、極めるに果てしない探求であるから、永くつづかないで、何時か消えてしまってもいたので、研究後継者が得られないではあるまいかと、心配していたのに、昨年会津にもこのような研究会ができて、嬉しくって仕方がないところである。

（山口一九七一ａ：一）

次章で述べるように、山口は昭和三八年に亜細亜大学非常勤講師に就任すると同時に東京に転居しており、当時は東京と会津を行き来していた時期であるが、年齢も六〇代後半になり、研究者としての自身の後継者が出てきてくれることを望んでいた。特に郷里である会津で研究者の集まりができたことは、山口にとって望外の喜びであったのだろう。当初の会員は約三〇名であった。

またこの時期は、福島県内各地で地域の研究者の組織化が進んだ時代でもあった。山口や岩崎を中心にして生まれた「磐城民俗研究会」は戦前から活動していたが、昭和四六年には福島市に事務局を置く「県北民俗研究会」が発足し、県内では浜通り・中通り・会津の各地域の研究組織が揃った。さらに同年二月、そうした地域の研究者たちを県単位でまとめる形で生まれたのが「福島県民俗学会」である。当時、東北学院大学の教授となっていた岩崎が会長を務め、山口が顧問に就任し、県全域に会員約一〇〇名を擁した。同学会の第二代会長を務めたのは和田文夫であり、この時期は柳田国男の薫陶を受けた研究者たちが若い人々を学会組織のなかで牽引していく時代であった。こうした学会では活発な調査研究活動が進められた。

なかでも山口が会長を務めた会津民俗研究会は発足当初から意欲的な活動を展開した。山口は同会について、「評論団体ではないし、娯楽、単なる趣味団体でもない。民俗研究は採録の仕事から始めなくてはならないから、まず会員は調査研究の仕事をつみあげること」と述べているが（山口一九七一a）、同会は研究会の開催や機関誌の発行に加えて、盛んにフィールドワークを行ったところに大きな特徴がある。

その端緒となったのは、只見町からの依頼によって行われた過疎集落の調査であった。同会が発足する前年の昭和四四年八月に起こった集中豪雨は只見川水系の出水をもたらし、只見町を中心に大きな被害をもたらした。「その災害復旧後も、将来に不安が感じられ、踏みとどまり得ないという村がでてきた。特に毘沙沢、吉尾、真奈川、野々沢は部落を解体して全戸移転の計画をたて、夕沢、仲田にも移転戸数がでたので、只見町当局と当教育委員会は、緊急に民俗調査を行い、退去前に記録を作製しておこうと、会津民俗研究会に調査の依託があった。」という（只見町教育委員会一九七一）。研究会発足約二か月後の昭和四五年七月二七日から八月二日の日程で調査は行われた。ちなみに山口はその時期東南アジアを訪れており、九月に調査員とともに巡検を行った。八つに分けられた調査項目を山口含む七名で担当しているが、それぞれの項目には現地在住の「調査協力者」が振り分けられており、会員と地元協力者の共同によって調査は進められた。調査後には各調査員から提出されたカードをもとに山口が原稿を書く形で報告書『南会津・只見町過疎部落の民俗』が出来上がっている。山口は同書の意義を、「単な郷愁としてでなく、それを記録になりとどめておくことは、祖先の血をひき、後生を継ぐ人々の発展の踏み台としても緊要なことである。」と述べているが、会津民俗研究会としての初めてのフィールドワークは豪雨災害にともなう集落移転を背景にした調査となり、会長である山口自身が戦前以来持ち続けてきた問題意識が大きく反映するものとなった。

また同じ年の十一月には只見町の隣に位置する南会津郡南郷村（現・南会津町）の民俗調査を行っている。会津民俗研究会は毎年どこかの地域を選定して調査を行うことを事業計画として挙げており、会が自主的に選定して行った初めての調査であった。只見町と同様に南郷村も奥会津の豪雪地帯であるが、農作業が終了して降雪が始まる前のこの時期が選ばれたのであった。会の自主的な調査ではあったが、その報告書『奥会津南郷の民俗』は南郷村教育委員会が印刷発行した（南郷村教育委員会一九七一）。

こうして発足当初から山口を中心にして同会会員は多くの調査に関わった。その大きな特徴は当時

会津民俗研究会による三島町大石田調査後の打ち上げ
（昭和48年・磐梯町蔵）

の時代的な要請も背景となり、地域開発にともなう調査を多く進めたことであろう。昭和四八年には会津若松市の大川ダム水没集落調査として同市舟子・桑原集落（会津若松市教育委員会一九七三）、同じく東山ダム水没集落調査として川渓集落（会津若松市一九七四）、さらに三坂高原観光開発にともなう大沼郡三島町大石田の調査（三島町教育委員会一九九五）をそれぞれ行った。さらに昭和五七年には会津高田町谷《や》ケ《か》地《ぢ》における宮川ダム水没集落の調査（会津民俗研究会一九八三）、翌昭和五八年には南会津郡只見町石伏における只見ダム水没集落調査（只見町一九八四）、昭和五九年には耶麻郡猪苗代町楊枝《ようじ》において東北横断自動車道（磐越自動車道）建設にともなう移転集落の調査（猪苗代町教育委員会一九八六）を行っている。これらは必ずしも全てが会津民俗研究会として行ったものではないが、山口と同会会員が中心的な役割を果たしている調査であり、そのほとんどが自治体からの委託調査であった。当時社会問題化していた過疎の村や、ダムをはじめとする開発により消滅・移転・変貌を余儀なくされる地域の暮らしを記録することが、昭和四〇～五〇年代における同会の活動の核となっていった。

またこの頃、磐城民俗研究会もその活動を活発化させていた。昭和三七年に制定された新産業都市建設促進法によって、地域開発、工業開発の対象として福島県内では昭和三九年に「常磐・郡山地区」が新産業都市に指定された。加速化する開発による地域の変貌を前にして、福島県教育委員会では「新産業都市指定地区民俗資料調査」を現在のいわき市と郡山市域を中心にして進める。その調査の中心を担ったのが、県の文化財専門委員を務めていた岩崎敏夫や和田文夫を中心とする磐城民俗研究会であった。同会は第一章で紹介した活動以降、山口が岩手に移り、岩崎が故郷の相馬に戻るなどしたため、当分の間は高木誠一や和田文夫らを中心に活動したものの、後に休会状態となっていた。その再出発の契機となったのが地元で行われた新産業都市指定にともなう共同調査であり、岩崎・和田のもとに新しい若い世代の会員が集まって、磐城民俗研究会は昭和三八年に再結成された。

調査の成果をもとに昭和四一年から一年ごとに『勿来地方の民俗』『安積地方の民俗』『いわき鹿島地方の民俗』（福島県教育委員会一九六六・一九六七・一九六八）を刊行したほか、昭和四四・四五年には文化庁の指導により変貌の激しい振興山村指定地区における民俗資料調査が進められ、山口・岩崎・和田らを中心とした磐城民俗研究会会員が従事して『西会津地方の民俗』『西郷地方の民俗』（福島県教育委員会一九六九・一九七〇）を刊行した。以降、同会では当時盛んになった自治体史の調査にも関わり、いわき市、相馬市、小高町（現・南相馬市）、飯館村などの各自治体史民俗編の執筆を分担している（大迫二〇〇三）。

このように、昭和三〇年代から四〇年代の高度経済成長期を中心とするこの時期は、地域における開発と過疎化が進み、その反作用として民俗調査や資料の保護が制度として進んでいく時代であった。そうしたなかで山口や岩崎が県文化財専門委員や県史編纂委員に委嘱され、その二人が民俗学を志して地域学会に集まった県内の研究者とともに様々な行政主体のフィールドワークや民俗誌・自治体史の編纂を進めていったのである。そこに集った人々はフィールドにおける経験を積み上げることによって学問的な素養を鍛えられ、次の時代の地域研究を担っていくことになった。

（４）山口のもとに集う地域の研究者たち

地域に暮らす多くの研究者を組織して活発な活動をしていた地域学会であるが、山口のもとに集まったのはどんな人たちであったのだろうか。山口は会津民俗研究会の会長を創立以来約二五年間、九二歳になるまで務め、後進の育成に励んだ。そこには個性豊かな多くの人々が集まり、現在につながる地域研究の礎を築いた。以下にそのうちの何名かを紹介しよう。

同会発足時の副会長を務めた渡部圣《つとむ》は耶麻郡熱塩加納村（現・喜多方市）の農家の長男として生まれた。若い頃は地域の青年団活動などを活発に行っていたというが、後に赤べコや白虎隊人形などの民芸品の製作や販売といった観光業に携わることになる。さらに猪苗代湖畔に古い会津の民家を移築して「清作茶屋」という蕎麦屋を始めた頃から民家や民具に関わることになった。当初はドライブインなどの観光施設を目指していたが、金山町の旧佐々木家住宅を移築すると、昭和四二年に民家・民具の展示施設である会津民俗館を開館した。その頃から渡部は山口の指導を仰ぐようになり、同館は会津における民俗研究の拠点としての役割を果たすようになる。同時代に進められていた民俗文化財の指定に向けた資料の収集・調査を行い、国・県指定を含む多くの文化財コレクションを形成していった（会津民俗館一九七〇、渡部一九八四）。

その会津民俗館に学芸員として採用され、後に全国的に活躍する民俗・民具研究者となった人物に佐々木長生がいる。相馬郡鹿島町（現・南相馬市）に生まれた佐々木は東北学院大学在学中に三島町大石田の調査に参加することで山口と出会い、その後会津民俗館、さらに福島県立博物館の学芸員として地域の民俗研究に携わった。会津民俗館では多くの文化財コレクションの整理・調査を進め、また県立博物館では全国に先駆けた多彩な民俗展示を手がけた。「会津農書」の研究や会津の農具の研究では多大な業績を生み出している。大学時代は岩崎敏夫に師事し、また卒業後は会津民俗研究会の活動を通じて山口の謦咳に触れることでキャリアを積んでいった人物である。

また郡山市湖南町に生まれ育ち、猪苗代湖周辺の民俗研究の代表的な人物といえるのが橋本武である。自身のことを「学歴も知識もなにもない百姓です」と語る橋本は、第二次世界大戦の戦地から九死に一生を得て帰還すると、「昔からの有形、無形の民俗は荒々しく捨て去られ、その心までも失ないはじめた」故郷の生活に疑問を持ち、山口を通じて民俗学に出会うことになる（橋本一九七三）。山口に教えを乞うようになってからは、「金魚のフンの如くその尾について郡山市史、県の民俗調査、その他数えきれない水没、過疎、開発地域の民俗調査」についていった橋本は、自身でもフィールドワークを進めて、『猪苗代湖南民俗誌』をはじめとする多くの民俗誌を刊行した（橋本一九六九）。その全ての著書に山口弥一郎と岩崎敏夫による「序文」が掲載されている。橋本の著書『磐梯山南郷の民俗』の序文において山口は、「橋本君は湖南の舘に生れて湖面にうつる磐梯山を見つめながら育ち、高冷地に稲作の苦労を重ねてきた村人の社会生活を刻念に記録してきている。われわれの旅の学より寄寓の学、最後に追いつめるように郷土人としての心意を帰郷採録したのでなく、はじめから郷土を離れないで郷土人感覚で採録している。」と述べ、その成果を「郷土人として生きてゆくための貴重な記録」と評した（山口一九七九）。自身が目指した形で実現することのできなかった民俗採集の最終段階をひとつの形を、山口は橋本の業績に見出していたのかもしれない。

さらに山口の調査がきっかけでその道に進んだ者もいた。皆川文弥《ぶんや》は大正十年に只見村田子倉に生まれ、戦時中は従軍して戦地をわたり歩いた。終戦後に帰郷して農家を継いだが、すぐに進められた田子倉ダムの建設計画にともなって全戸移転を余儀なくされると、村内の別の地域に転居する。その直前に行われた会津女子高校による田子倉調査において山口と村の住民との連絡役を務め、調査に協力したことをきっかけに山口に師事するようになった。会津民俗研究会にもその初期から入会し、只見ダムに沈んだ只見町石伏における調査や福島県民俗緊急調査などに従事して、主に只見町における年中行事や昔話などの分野で多くの記録を残した。また失われた地元・田子倉の暮らしを後世に伝えるために狩猟用具などを中心とする民具の収集を精力的に進めており、その成果は子息が水没後に転居した地に開設した「ふるさと館田子倉」における展示コレクションに結実している。

終戦後に戦地から帰還して南郷村の郵便局長をしていた安藤紫香《しこう》もまた、山口に師事しつつ個性的な調査研究を進めた一人である。多くの調査報告書、自治体史、著書を執筆しているが、地元の深い人付き合いや信頼関係がなければ聞き出せないような、正に心意に迫るフィールドワークを行った人物で、堕胎・間引きの調査や「よべこき」などと呼ぶ夜這いの習俗についても記録している（安藤一九九四ａｂ）。鈴木由利子は安藤によるこうした成果について、「客観的視点に立ちつつ心意にまで迫ることのできる聞き取り調査は民俗調査の理想ではあるが、一朝一夕にできることではないし、調査者の持つ資質によるものも大きいように思われる。このような民俗調査ができる数少ない研究者のお一人が安藤紫香氏である。氏は、生まれ育った会津の地で長年暮らしながら、確かな視点で人びとの心の襞にまで踏み込んだ聞き書きを行うことができる稀有な存在である。」と評した（鈴木二〇〇九）。

こうした人々以外にも、学校教員であり民具の収集と研究を進めた鷲山義雄や、猪苗代湖の元船頭であった半沢卯右衛門、国鉄の職員をしながら各地の祭りや芸能を訪ね歩いた鹿野正男など、会津民俗研究会には地域に暮らし多彩な経歴を持つ個性豊かな人々が集まっていた。山口は共同調査の後には必ず皆で一献を傾けながら懇親を深め、その日の成果を報告し合い共有することを重視したという。こうして研究を志す多くの人々が山口の薫陶を受け、現場で考え議論することで鍛えられ、その後各地で行われた自治体史編纂や行政調査、文化財調査などを担っていったのである。また一方、山口にとって会津で進めた高校生や研究会員とのフィールドワークは、自身が戦後の生家で遂げることの出来なかった「帰郷採録」の延長でもあったと思われる。同郷人による生活者の心意の採録は、山口個人の手によるのではなく、教え子、後進、仲間たちとともに実現されていった。

【コラム6】 研究と執筆のルーティン ―教職と研究の両立策―

山口は膨大な数の著作・論文を残しており、研究者としてかなり多作な部類に入るといえよう。山口と数多くの民俗調査の現場をともにしてきた佐々木長生氏によれば、山口は夕方に調査を終えると、毎夜、共同調査を行う後進たちと酒を酌み交わしていたが、朝二時には起きて、前日得たデータを整理しながら原稿を執筆し、早朝には既に前日の調査内容が原稿化されていたこともあったという。

このような「速筆・多作」の仕事ぶりは、若き日からの習慣であったようである。昭和三五年に高校を退職するまで、山口にとって研究や執筆が本務であったことはなく、基本的に教職と研究を両立していた。例えば、『津浪と村』の構想案は、学習指導案を記載する用紙に記されている（そして、最初のタイトル案は『津浪と集落』であった）。妻・コウは、昭和十六年八月二二日の日記に「弥一郎は机に向って仕事を始めると、眼は輝き、夜と昼の区別がなくなってしまう。何時床に入るかしれないのに、四時に目をさましても、三時に目をさましても仕事をしていることがある」（山口コウ一九六三）と記している。おそらく、学校での授業準備を自宅に持ち帰ることもあったであろうし、反対に学校で著書や論文の構想を練ることもあったであろう。

ただし、こうした仕事の両立は、困難をともなうものでもあった。同じくコウの日記をみると、昭和十七年十二月四日には「柳田先生に励まされ、津波の調査を、一気に読みやすい単行本に書きおろすのだと、近頃また夜も寝ずにいることが多い」とあるが、三か月後の昭和十八年二月五日の日記には、珍しく疲れて早く寝てしまった夫を見て、「なまなました論文を書く時は、幾夜仕事がつづいても冴え冴えした眼でいるが、単行本の仕事にかかると、嫌だ嫌だと寝不足をつづけ、疲労を覚えるらしい」と記している。『津浪と村』は昭和十八年九月の発行であり、まさに執筆の大詰めの時期であったのであろう。

勤務先では、授業や生徒との関わりの中から研究上の刺激を受け、教職と研究が相乗効果となることもあったと考えられるが、他方で、校内で研究への理解が得られず、苦しむこともあった（第三章参照）。山口は教職と研究との二足のわらじの中、夜から早朝の時間に眼を輝かせ、時には疲労に苦しみつつも調査データと向き合い、数多くの著作を残したのである。（辻本）

六　大学教育と研究の集大成

（1）津波研究の集成と博士号の取得

昭和二〇年代後半になると、山口は戦前取り組みつつも、いったん中断していた三陸津波の研究を、博士論文としてまとめていくため、動き出していった。

まず、戦前に訪問したフィールドを再訪し、調査を行っている。昭和二〇年代後半の調査は、戦前に比べるとひとつの地域に長く滞在し、よりきめの細かいデータを取得していることに特徴がある。例えば岩手県綾里《りょうり》村（現・大船渡市）におけるフィールドノートを見ると、戦前は二日間の滞在で、複数の集落における集落移動をごく大まかにスケッチしているが、昭和二六年のフィールドノートでは港・岩崎集落に調査対象を絞り、一軒一軒の移転について記録を行っている点が注目される。

このようなきめの細かい調査は、学会での発表、さらには博士論文の執筆を見据えたものであったと考えることができる。実際、調査の成果は、人文地理学会など、全国規模の学会で精力的に発表するようになっていった。

そして山口は、博士論文を当初は田中館秀三の勤務先であった、東北大学理学部地理学教室に提出しようと考えていた。しかし、東北大学からは審査を断られている。このことを示す、東北大学理学部地理学教室の教員からの、二度にわたる書簡が残されている。一通目は博士論文審査の基準について山口からの質問に応じて回答する内容であり、「研究歴は大学に奉職していて永い期間研究に専念したか、している人、またはその他の研究所、大会社の研究部、官庁の研究所のようなところ、従って新制高等学校などの奉職者は今迄に例がありません」、「中央学界または世界の学界に認識せられて居ることが又重要な条件です。貴兄の業績について、日本地理学会の中央部に於ける認識の程度は小生の見るところではまだ話題に上って居らぬようです」などと、経歴や学会での知名度が基準に達していないことから、「御再考を乞う」と回答している。

これに対して山口がどのように返答したかは明らかではないが、論文「津波常習地の集落移動の研究」を東北大学に送付したようである。それに対して、同大学からは「右論文によって学位申請については、関係講座の教授についてそれぞれ了解を求めましたところ、何れも学歴、職歴並びに研究歴に於いて貴兄の資格が十分ではないという見解で、申請の受理見込みはありませんでした」と回答があった。そして、山口の論文の内容については、「あの種の論文は、学術論文としてよりも、むしろ調査報告の種類に属」すと評したうえで、さらに「田中館先生の指導を受けられたというが、個人的な関係でそれは何も公的な関係ではないので、それは認められなかった許りでなく、理学部や法文学部の間では指導を受けられたということが、反って大きなマイナスになった」と記されている。

以上のような東北大学の対応について、山口がどのように感じたかは、記録は残されていない。こうした経緯もあり、山口は青野寿郎を主査として、東京文理科大学に全八章からなる博士論文「津波常習地三陸海岸地域における集落の移動」（山口一九六〇）を提出し、審査終了後、提出版の博士論文からほとんど構成を変更せず、その内容を亜細亜大学の紀要に五回にわたり連載している。

このように、山口の戦後の津波研究は、学会発表や博士論文の提出などアカデミックな方向での発信を強めていたが、柳田からの言葉にあった三陸の人々からの反応も、みられていた。例えば旧蔵資料中には、山口が岩手日報に寄稿した文章「津浪で漁村を移す問題」を読んで感銘を受けた、岩手県久慈町（現・久慈市）の兼田忠吉という人物からの手紙（昭和二七年八月二四日付）が残されている。この手紙によれば、兼田忠吉は久慈町の津波防災について問題意識を持っており「毎年記念日（津浪）三月三日の避難演習の折お話しするのを一つの行事として居ります」という。兼田は明治二六年に生まれ大正十年に久慈町議会議員、昭和十三年に久慈消防組頭、そして戦後も久慈市議会議員や岩手県教育委員等の要職を務めた地域の名士であり（岩手日報社一九七六）、地域の防災について切実に考える地元の

学位記を受ける山口弥一郎（磐梯町蔵）

人々に山口の研究成果が届いていたことがうかがえる。

(2) 大学教員への転身と海外への関心

博士号を取得した二か月後の昭和三五年三月、山口は五八歳で会津農林高校を退職した。河北文化賞の受賞もきっかけとなり、研究に没頭しようと考えたためであり、自主研究のほか、阿賀野川の水害に関する調査等も、この時期に東北地方農村生活研究所として受託している(竹内一九八六)。

そして、昭和三八年四月からは、当時学長であった二本松市出身の太田耕造の誘いにより、田中啓爾の後任として、亜細亜大学で地理学の講義を担当することとなった(竹内一九八六)。非常勤講師就任とともに東京都武蔵野市に転居し、昭和四〇年からは同大学の専任の教授に就任している。

山口は地理学の大学教員として迎え入れられたことから、昭和四〇年代中頃以降、地理学のテキストを積極的に執筆している。昭和四〇年の『中華人民共和国の地誌』(山口一九六五)に始まり、昭和四一年の『地理学概論』(山口一九六六)、昭和四三年の『日本の地誌』(山口一九六八a)などである。大学で地理学を講じる上で、山口は「民俗が入らない地理学というのは足場が少し軽いのではないか」(竹内一九八六)という問題意識のもと、地理学の体系的な講義内容にところどころ民俗的な内容を織り交ぜている。例えば『地理学概論』は、ラッツェルの環境決定論やブラーシュの環境可能論といった学史にはじまり、自然環境と経済活動の相互作用を論じていくというように、人文地理学のオーソドックスな講義スタイルから導入しつつも、第五章「集落の発達と機能」では、集落と族縁集団・講集団の関係性など、民俗学的内容に論及しており、山口自身の調査研究成果や撮影した写真等を、できる限り講義に盛り込もうと試みた様子がうかがえる。山口はこの教科書の前書きで「亜細亜大学で地理学を講じてみると、勿論民俗学とのけじめはつけているつもりであるが、地理学自身に含む悩みは解消とまでいっていない。講義は一つの試論という域を出ていない」（山口一九六六）と述べている。

同様に、『日本の地誌』においても、日本各地の自然・人文環境を地誌的に記述するオーソドックスな地誌学テキストの体裁を取りつつも、第二章「地域性と地域区分」では地形的区分・気候的区分・農業地域・工業地帯・人口分布といった地理学でよく用いられる地域区分の基準に加えて、「文化・民俗の地域性」という節を設け、柳田の民俗学辞典に基づいて海女や頭上運搬の地域性を図示した上で、さらに自身の調査資料に基づき名子制度の国内での分布を図示している（山口一九六八ａ）。また、同書では、北海道・東北・関東・中部・近畿・中国四国・九州沖縄の各章を設けて地誌的特徴を概説しており、東北地方に特別多くのページを割いているわけではないが、東北地方の章では「災害と集落」という節を設けて津波や廃村・ダム建設にともなう離村について触れている。

さらに山口は「亜細亜という名の大学で、アジアの講義を一つもやらないという話はない。しかも私は地理が専門なのだから」（竹内一九八六）と振り返っているように、カリキュラム上海外の地理や地誌を講じる必要があったことや、戦前から樺太や台湾で調査を行うなど、海外調査への志向性が

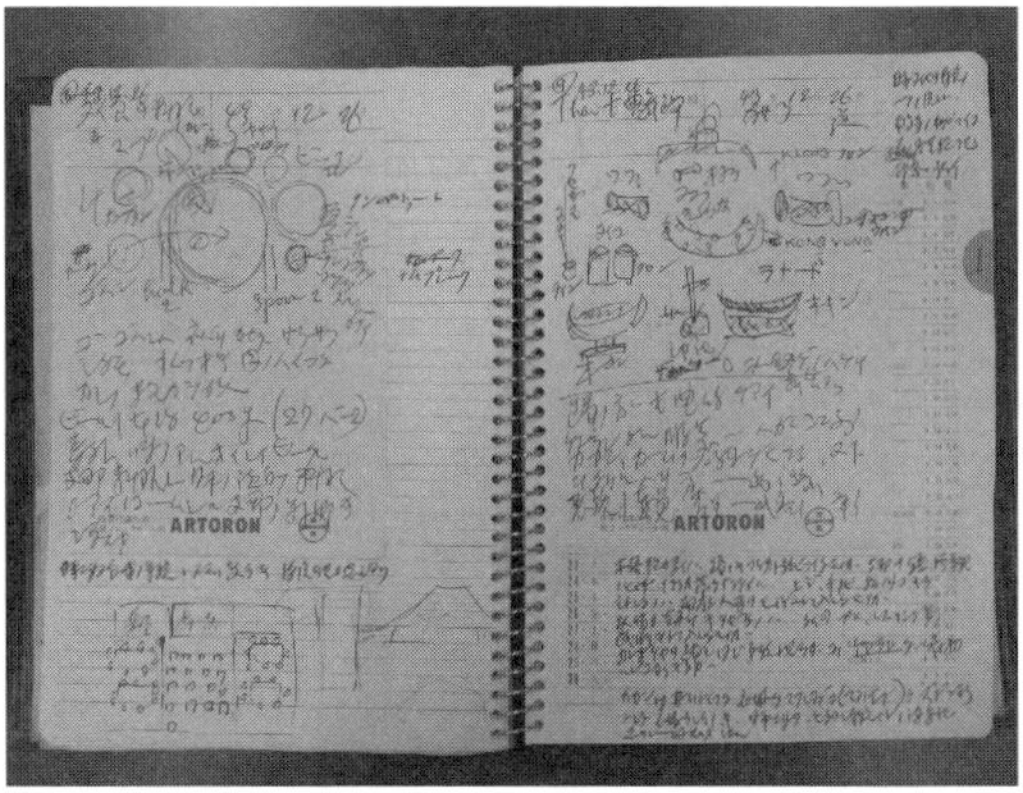

バンコクでの食事と古典舞踊鑑賞のメモ（磐梯町蔵）

あったことからも、亜細亜大学へ移った後の山口は、海外にたびたび足を延ばすようになる。フィールドノートをみると、昭和四一年に『西欧の旅日記（海外　ヨーロッパ　第1回）』と題して三七日間にわたりソビエト連邦等を訪問したのを皮切りに、昭和四三年には二四日間にわたってアメリカ国内をバスで横断し、昭和四五年にはイギリス・フランス・オランダ・ベルギーなどを再婚した妻・山口娃《あい》とともに旅している。このほか、東南アジアにも旅行会社のパッケージツアー等を利用して数度にわたり足を延ばし、景観や鑑賞した芸能、さらには食事内容まで、詳細にノートに記録している。その成果は執筆した講義用テキストにも反映されている。昭和四五年の『東南アジアの地誌』（山口一九七〇）には口絵・本文に山口自身が撮影した写真が多く掲載され、飛行機の機内から景観を見下ろしたものも複数みられ、また、ご子息の山口大二郎氏・大三郎氏が撮影した写真も口絵に掲載されている。

（3）シルクロード研究と底流する生命観への関心

昭和四七年には、教職課程創設のために乞われて（山口一九九一a）創価大学に着任した山口は、新たな海外研究の研究テーマに着手した。シルクロード研究である。この研究は、「創立者池田大作氏の要請もあって」（山口一九八七）始められたものであった。

創価大学での最終講義
（平成元年1月25日・磐梯町蔵）

山口がシルクロード研究に際して着目したのは、卒塔婆信仰である。卒塔婆への関心には、幼少期を過ごした会津において彼岸の墓参りの際に供えられる「かかじょう」（梵字を押した塔婆）を目にしていたことや、二歳の妹が自宅近くの池で水死した際、梵字を用いた供養が行われた記憶（山口一九八七）が底流にあった。

山口は仏教に対する信仰の表出形態について、国内各地の事例から、さらにシルクロード各地の事例を追い求め、その伝承経路を明らかにしようと試みた。伝承路探求の過程で、山口は外国人に門戸が開かれて間もない中国内陸の少数民族自治区にまで足を踏みいれていく。昭和四四年にはソ連及び中央アジア、昭和五一年末・翌年頭にかけてアフガニスタン・パキスタンのツアーに夫婦で参加するなど、シルクロードへの旅行経験は有していたが、調査研究としては昭和五四年八月にウルムチに予備調査で訪れたのが初であり（山口一九八六a）、翌昭和五五年八月には創価大学アジア研究所シルクロード調査団長として敦煌を訪問している。そして、昭和五八年にシルクロード研究で初の著書となる『踏査記・シルクロードのストゥーパ』を出版した。山口は中国語やウイグル語での会話はできないため、通訳をつけての調査であった（山口一九九五 j）。

山口の自宅にはふたつの書庫があり、ひとつは東北地方研究、もうひとつはシルクロード研究の資料が収められていたという（山口一九九五 i）。その執念ともいえるようなシルクロード研究の動機について、故郷新鶴村での講演を行ったという「夢」の記憶を思い起こし、次のように記している。

私の研究は郷里の民俗研究から出発して、ストゥーパの伝承路のシルクロードの研究まで行ったのです。そして、それは一体何んであったのですか。家の仏壇に祭ってある位牌・墓地の石碑などの原点、自分の生命、霊魂の行方などを極めることに過ぎないのですよ。また、原点の村で育った幼い頃の生活、自分の生命の行方を極めようとしていることの研究に過ぎないのですよ。私の研究は原点に戻っている。

（山口一九八六a：二一四‐二一五）

ここで述べられている生命観についての関心は、実は山口にとっては、災害研究とも通底するような、重要かつ切実な問題意識だったようである。例えば山口はシルクロード研究に関する論文の末尾に、昭和六〇年にアメリカで発生した日本人家族の親子心中事件で、生存した母親に対して「殺人罪」として厳罰が求刑されたことに触れており、親子心中についてデータの収集とカード化も試みたようである（山口一九八六b）。また、ほとんど著書のなかでは触れられていないが、山口が十三〜四歳ごろに家族との関係等に悩んで自殺未遂をし（山口一九九二）、その一歩手前で引き留められた経験を有していることも、関係しているのかもしれない（山口一九九三）。

（4）研究の集大成、そして再び東北の地へ

昭和四七年から昭和五五年にかけて、山口はこれまで出版した論文や著書等をテーマ別に選んで採録した、全十二巻（別巻含め全十四冊）にわたる『山口弥一郎選集』を刊行した。選集には、全体に「日本の固有生活を求めて」というサブタイトルが付され、例えば第三巻は『開拓と地名』、第六巻は『凶作と津波』というようにテーマごとに論文や著作が収録されている。さらに第十二巻にはこれまでの著作目録やフィールドノートの目録も収録された。選集の出版を引き受けたのは、山口と同じ新鶴村に生まれた松本富夫が東京都目黒区にて創業した、株式会社世界文庫であった。松本は、山

口との親交をもとに選集の出版事業を引き受けたが、昭和五三年に第十巻を出版したところで逝去し、子息の松本明が事業を引き継いで昭和五六年に全十二巻の出版が完結した（新鶴村教育委員会編二〇〇五）。出版が完結した翌年の昭和五七年には、東京都市ヶ谷の私学会館で一一〇名の参加する出版祝賀会が開催されている。

昭和五〇年代末以降、山口は『体験と民俗学』（山口一九八四）、翌年には『体験と地理学』（山口一九八五）、というように、自身を回顧する書籍を複数出版するようになっていく。平成元年に創価大学特任教授を退任した後も旺盛な執筆活動を続け、旧蔵資料中には『人生精進論』と題した数多くの手記を残しているほか、平成五年には『九十歳の提言　郷土研究より世界文化構成論への筋道』、平成七年には最後の著書『郷愁讃歌』を出版している。

また、昭和末期から平成初期にかけては、地理学・民俗学それぞれの研究者グループから、インタビューの依頼を受けるようになった。地理学では古今書院の『地理学を学ぶ』でのインタビュー（竹内一九八六）をきっかけとして、一橋大学の竹内啓一が山口の学史・地理思想史的な位置づけについて論じている（竹内一九九五、Takeuchi二〇〇〇）。民俗学からは、国立歴史民俗博物館の共同研究「日本民俗学方法論の研究」（代表・福田アジオ、昭和六一～六三年度）の一環として、山口自身の民俗学研究歴と方法についてインタビューを受けており、その内容は山口自身が『福島の民俗』第十七号にて活字化している（山口一九八九ａ）。こうした経験から、山口は同時代の民俗学の研究動向にも関心を有していたようであり、旧蔵資料には「都市のフォークロアの会」が紹介された新聞記事（『朝日新聞』一九八九年六月十四日）に赤線を引いたスクラップブックが残されている。

さらに山口は、東京の大学での授業と海外調査の合間を縫って、たびたび東北のフィールドを再訪している。例えば昭和五八年には、かつて「寄寓採録」を行った岩手県旧稲瀬村を二人の息子とともに再訪し、下宿していた家の人と再会を果たしている（山口一九八四）。こうした再訪の成果は、三巻にわたる『東北地方研究の再検討』にまとめられた（山口一九九一ａｂ・一九九二）。

平成元年、山口は創価大学特任教授を定年退職し、東京と行き来する日々から、会津若松での研究生活に専念するようになる。退職の年には、紺綬褒章を受章している。さらに、創価大学の退職金一〇〇〇万円を会津若松市に寄付し、市ではこの寄付金を活用して郷土史研究の奨励基金制度を創設した。令和三年現在も会津に関する青少年・成人による郷土史研究に対して奨励金が交付されている。

山口が特に晩年まで気にかけていたのは、津波研究で訪れた三陸地方のフィールドである。学位論文の完成後も『河北新報』に防災について寄稿したり、昭和三五年五月のチリ地震直後に取材を受けたりしている。山口自身も「この永い調査研究が学位論文として通過してからも、三陸海岸を見守る気で時折三陸を廻ってみている」（山口一九七二ｄ）と述べているとおり、例えば『津浪と村』で一節を割いて取り上げている岩手県綾里村には、昭和十年の初回調査ののちも、昭和二六年、昭和四八年と繰り返し訪問し、昭和六二年八月がおそらく最後の訪問となっている。昭和六二年八月の訪問の

再訪した田老にて（昭和62年・磐梯町蔵）

際には、四四年前に著した自身の『津浪と村』の表紙裏に、これまでの自身の津波研究の歩みを振り返り、「どんなテーマを得られることであろうか」と書きつけて、会津若松から出発した（山口一九九一b）。昭和六二年八月の綾里訪問の際に記した手記には、次のような記述がある。

田老に対して、一九三三年の大災害地綾里の無防備さはどうしたことであろうか。一九七三年の旅でも気にかかっていたので、造成高地に移動した、当時調査中の私の常宿でもあった旅館に一泊して話を聞いてみた。やはり豊漁がつづいた好景気の頃、罹災低地に本建築の住宅が増加したと語っていた。（中略）四十年の歳月は、改築の機会にも来ているのであろうか。浜辺は無住の漁港関係納屋地域に設定した筈であったが、当時の知友を訪ねて話を聞こうにも、半世紀以上過ぎては既に多くは過去の人となっていた。津波の災害もかくして忘却の彼方に去ってしまうのであろうか。

（『河北新報』用の原稿「随想津波災害常習地瞥見記」）

書庫に立つ晩年の山口弥一郎
（平成７年11月４日・川島秀一氏提供）

平成二三年三月の東日本大震災で、綾里は二七名の犠牲者を出すこととなった。この数は、昭和三陸津波における一八一人という数よりは大幅に減っているものの、山口が書いていているような低地において犠牲者が発生し、多くの家屋が流出している。山口の警鐘は、その最後の訪問の二四年後に現実となったのである。

山口は三陸で地震や津波が発生するたびに新聞記事をスクラップし、さらに平成七年一月に発生した阪神淡路大震災に関する新聞記事のスクラップブックには、「日本の原子力発電所は海岸に分布し海底地震の真正面にある。これは今までのリアス湾頭の災害と全く様態の異なる被害を及ぼすであろう」と、東日本大震災後の原子力災害を予見するかのようなメモを付している。

平成十二年一月二九日、山口は老衰のため九七歳で亡くなった（五十嵐二〇〇〇）。旧蔵資料中には亡くなる前年の平成十一年の記載のある『みちのく随想録 東北地方の旅記録』の手書き原稿が残されており、座右の銘である「精進一途」（山口一九九五g）の通り、その生涯を一途に学問の精進に費やしたといえよう。

山口の没後には、福島県民俗学会や福島県地理学会の会誌等に追悼記事が掲載され、また焼畑研究の観点から山口の研究に注目する動きもみられたが（六車二〇〇四）、その本格的な再評価は平成二三年三月十一日をきっかけとして始まることとなった。

【コラム7】新聞スクラップと災害の記録

山口弥一郎は若い頃から晩年にいたるまで、生涯にわたって新聞のスクラップを続けた。旧蔵資料のなかにはざっと数えても二〇〇冊以上のスクラップブックが確認でき、古くは昭和四年のものから、終わりは平成八年まで残されている。さらに、フィールドノートや調査・会議等の情報整理ノートのなかにも関連する新聞記事の切り抜きが貼り付けられているものは多く、こうした新聞からの情報の整理は山口のライフワークと呼べるものである。またそれは当時の記録として重要なだけでなく、時代ごとに山口がどんなことに関心の目を向けていたのかを知ることができる資料でもある。

山口が携わっていた仕事や進めていた研究テーマに関しては、例えば戦前期では磐城の炭鉱に関する記事や、山口が凶作の研究をはじめるひとつのきっかけにもなった昭和九年の大凶作時に岩手県二戸郡の山村で稗飯の弁当を食べる小学生を紹介した記事、また戦後直後では農村の女性や農地の問題を扱った記事、昭和三〇〜四〇年代には民俗芸能や文化財を紹介した記事などがみられ、いずれも個々の時代における山口の研究活動にも直結する内容が多い。また第六章で述べた阪神淡路大震災をはじめ、昭和三五年のチリ地震津波や昭和三九年の新潟地震、昭和四三年の十勝沖地震、昭和四八年の根室半島沖地震、昭和四九年の伊豆半島沖地震・鳥海山噴火・台風十六号、昭和五八年の三宅島噴火・日本海中部地震、昭和五九年の長野県西部地震、昭和六一年の三原山噴火、平成五年の北海道南西沖地震などに関する新聞記事を保存しており、地震や津波、火山の噴火などといった自然災害については常に関心を持っていた。さらに日航機墜落事故や文化大革命、湾岸戦争、インドネシア・フローレス島地震などのスクラップもあり、戦争や事故、さらに世界各国の災害にまで目を向けていたことが分かる。

特に平成七年の阪神淡路大震災発生直後には二冊のスクラップブックを作成し、様々な記事を集めるとともに多くの書き込みを残している。当時九三歳であった山口は、同様に都市部を襲った大地震として自身が二〇歳の時に起こった関東大震災を思い起こしていた。「私は1923年9月1日正午の関東大震災を歩兵第65連隊入隊、正午の中食時でよく記憶している。夕刻戒厳令が敷かれ、出勤を命じられた。1995年まさに72年を経て、今度は関西に大地震災害が襲うたことになる」と記し、都市においても災害が繰り返されることを強調した。さらに今後起こりうる現代的な災害として、既に紹介した通り海岸部に位置する原子力発電所への被害についての危惧も記すなど、将来への警鐘もみてとれる。スクラップブックの最初には「何を以てか93の老学徒、天恩に謝さんとする、まず刻念に記録をとって活断層のほぼ在所を学び知る者として避難・対応の記録をとりその検討をせんと、2冊のスクラップブックを作製中」と書き記している。自身の学問を社会に生かそうとする山口の意欲は、晩年になっても尽きることはなかった。(内山)

終章

（1）山口弥一郎を読みなおす

内山大介

山口弥一郎の語られ方

ここまで、山口弥一郎が生涯にわたって取り組んだ調査、研究、教育および実践的活動の数々を、幾つかの時代とテーマに分けて紹介してきた。研究者人生の全貌をふまえた山口弥一郎論としては初めての試みになるであろう。では山口が残した足跡は、これまでどのように語られてきたであろうか。東日本大震災以降、文化人類学や社会学、さらには建築史や都市計画、防災分野の研究者からも注目が集まっているが、こうした近年の山口の仕事への再評価は石井正己・川島秀一による『津浪と村』の復刊が大きく影響している。試みに「科学技術情報発信・流通総合システム」（J-STAGE）で「山口弥一郎」をキーワードに検索をかけ、東日本大震災発生以前と以後を比較してみると、平成二三年以降は山口の著作を引用している研究の数自体がそれ以前より多く、またほとんどが津波や災害、そこからの復興に関する論文である。それに対して平成二三年以前には、焼畑、市、村落空間、同族などといった山口が取り組んだ多様なテーマに関係する論文がみられる。東日本大震災を契機にして、山口の研究上の位置づけは大きく変化したとみてよいだろう。

近年では特に都市史・建築史の立場から、『津浪と村』が論じられてきている。例えば青井哲人は、昭和三陸津波後の「集落の復興とその後の変容の実態については山口弥一郎（一九〇二〜二〇〇〇）の調査記録がほとんど唯一である」と指摘する（青井二〇一一）。特に被災した三陸地域の復興と他所からの流入者を中心とする社会の非連続性を描いた点を評価し、災害後の地域の変貌についての継続的な記録の重要性を説いた。岡村健太郎は災害に対する「近代復興」の形成過程を検討するうえで、特に山口による岩手県大槌町吉里吉里《きりきり》などの調査記録を活用している（岡村二〇一七）。岡村は「三陸沿岸地域の過去の津波災害からの復興」について「特に三陸全体を視野に入れた研究は、昭和三陸津波後に津波被災地域の高所移転を分析した地理学者の山口弥一郎による一連の研究が唯一といっても過言ではない」とする一方、『津浪と村』には行政による公的な復興政策やその役割についてはほとんど述べられていないことも指摘している。

このように、『津浪と村』の成果を近代における被災・復興の地域に即した記録として重視する立場に対して、民俗学者の川島秀一はその意義を、津波という非日常のなかに表出する日常性を見出した点にあるとする（川島二〇一一）。川島は同書のなかでも「両石の漁村の生活」と題した一般的な民俗誌が挿入されていることに着目し、こうした記述を通じて山口が問題にしたのは、「災害時などの非常時にも外へ現れてくるのは日常性であること、また、それを探求しておかなければ根源的な防災には役立たないこと」であると指摘した。山口がフィールドワークを通じて聞き取ろうとしていたのは「単なる津波の、あるいは津波後の体験譚ではなく、津波という非日常的な世界の裏側にあった日常的な世界であった。それは津波前にも、津波という出来事の最中にも、そして津波後にも通底している世界であったわけである。」と述べ、災害の前後も含めた時間と生活のなかで地域社会をとらえようとする姿勢を重視した。

またそうした山口の視点を特定の地域社会において実践的に継承・発展させたといえる仕事が、饗《あい》庭《ば》伸ら多くの研究者によって書かれた『津波のあいだ、生きられた村』であろう。同書は岩手県大船渡市の綾里という地域に焦点を当て、山口の仕事を起点としながら、土地の歴史や生活、地域社会から東日本大震災を含めた過去の津波災害と被害・復興の過程を丹念に追った内容である（饗庭ほか二〇一九）。地域の日常の暮らしとその時間を、度重なる「津波のあいだ」ととらえるヒントとして山口の仕事を位置づけ、東日本大震災後のこれからの「津波のあいだ」をどう過ごすかまでを描いた実践的な著作といえる。

また社会学の立場からは、例えば植田今日子が著書『存続の岐路に立つむら』において『津浪と村』で展開された議論を各所で検証している（植田二〇一六）。植田は「山口ほど長い時間をかけて三陸漁民の生活を理解し、津波に突如として生命や家財を奪われることの過酷さを見つめてきた研究者は他にいないだろう。」と評価し、「津波常習地」や「原地復興」といった、山口が用いた特有の用語を積極的に利用している。しかし一方で、山口は「原地復興を非合理とみなす立場」に立っており、「海との関わりを断ち切ろうとはせず、津波を免れえないものとして「受容」しようとする民俗への注視があったとは言い難い」と指摘し、こうした視座は災害人類学者らが提起するレジリエンス（抵抗力／回復力）概念とは対照をなすものだと主張する。同書ではサブタイトルにもあるダム開発や過疎・限界集落化などの諸問題を取り上げているが、そこに対しては山口の議論や実践は取り上げられてはいない。

ここまで挙げてきたような『津浪と村』に対する多様な評価や発展的な研究は、東日本大震災以前には総じてみられなかった。さらにいえば、津波以外も含めた山口による様々なテーマの研究が個別的に参照されることはあっても、特定の著書や論文が中心的な考察対象として取り上げられることはほとんどなかったといえる。例外的には、例えば山下文男が自著『哀史三陸大津波』で『津浪と村』を名著として各所で参照しているほか、個別のテーマでは六車由実が『東北の焼畑慣行』に記された焼畑調査を取り上げ、同時代的な意味や現代の調査からみえる課題を検証している（山下一九八二・六車二〇〇四）。しかしこうしたものを除いては、山口による研究の再検討や継承を主眼とした研究は見当たらない。

ただし、東日本大震災以前におけるアカデミズムからの反応として、山口がその主流にはいなかったことが逆に関心に集めるきっかけになったことがあった。地理学の分野からは、例えば本書で何度か紹介している竹内啓一が山口に対してインタビューを行い、またその業績を総括的に論じている（竹内一九八六・一九九五）。竹内は山口の地理学について、「基礎に郷土意識があり、同時に彼の地理学の主題は、人々の郷土意識形成のメカニズムの解明であり、さらに研究の目的は人々の郷土意識形成に資することであった」とその特徴を指摘した。業績を①炭鉱集落、②三陸海岸の津波防災、③東北の凶作と開拓、④東北の地方都市、⑤村落の形態と構造に分類したうえで、山口がアカデミズムの世界と在野での活動を往還しつつ、もがきながらつくり上げたその方法の独自性や課題を描いている。

一方で民俗学からの関心としては、昭和六一年度から三年間行われた国立歴史民俗博物館の共同研究「日本民俗学方法論の研究」（代表・福田アジオ）における研究会に、山口がオブザーバーとして参加の要請を受けたことがあった（福田一九九〇）。山口は特別講義を依頼され、平成元年二月二六日に会津若松市文化センターにおいて来訪した民俗学者たちに対して「私の民俗学方法論構想」と題した講演を行った。この時の講演要旨は『福島の民俗』第十七号及び『東北地方研究の再検討 天の巻』に掲載されているが、方法論というより自身が民俗学として行った研究のうち特に柳田国男との関係が深いテーマを中心に紹介した内容である。講演より質疑の方が長かったようで、参加者からは「どうして地理学から民俗学へとはいったか」という点を中心に質問があった。山口は「三陸海岸の津波災害調査をしているうちに、自ずと、民俗学へ、必要があって、のめりこんでいった」と答えたという（山口一九九一a・一九九三）。こうした地理学や民俗学それぞれからの山口への関心は、いずれからもその主流からは外れる立場性や、方法の特異性についての議論が中心であったといえる。

またこうした動きとは隔絶した形で、地元会津の研究者たちのあいだでは山口の人物的な紹介と合わせた研究業績の振り返りが行われてきた。例えば会津民俗研究会会員として山口のもとで活動した五十嵐勇作は、同会の会誌『会津の民俗』第二〇号（山口弥一郎会長米寿記念特別号）に「山口禰一郎先生八十八年の生涯」と題した文章を書き、山口の研究を時系列的に紹介している（五十嵐一九九〇）。また山口の旧蔵資料が寄贈された磐梯町が刊行した『慧日寺と山岳信仰』という本でも、詳しく山口の業績が記されているが、これらは『東北民俗誌 会津編』に結実した山村調査や『福島県史』編纂の意義、あるいは会津民俗研究会での諸活動など、他では注目されることのない福島県や会津における業績が重視されている点に特徴がある。

同じく会津の研究者であり作家でもある笠井尚《たかし》は、山口の研究者人生を総括的に振り返りながら、柳田国男との関係から山口による民俗学の特色を述べている（笠井一九九〇・二〇一四）。笠井は、山口が公私にわたって柳田との付き合いを続け、その教えを忠実に実践した高弟でありながらも、ふたりには大きな違いがあるとする。それは、柳田の文学的・詩人的な感性が民俗学樹立に大きく影響したのに対して、山口はそうした文学としての民俗学の側面は継承しなかったことであり、自身が経験した人生における多くの悲哀から生まれた日常へのまなざしをもとに、調査と実践を重視した点にその特徴があるという。

こうして東日本大震災以前と以降を比較し、それぞれの立場からの山口の仕事に対する評価や議論をみてみると、大きな傾向が把握できる。震災以前では山口のアカデミズムからは外れる特異な研究者としての立場や、同郷の研究者からの郷土史研究への貢献が取り上げられ、いずれにおいても多彩な研究課題や実践を通観する形でその評価が行われてきた。それに対して震災以降は、山口が取り組んだ様々なテーマや置かれてきた多様な立場への関心は薄れ、『津浪と村』の議論に収斂していく形で災害研究者としてのイメージが増幅していったといえる。しかし一方でそれは、同書で展開した津波被災地の研究が震災後の今日に呼応するものとして重視されたことの反映でもあろう。言い換えれば、山口の仕事が単なる過去の研究史の一部としてではなく、現代的課題の検証に資する実践的成果として今に蘇ったものとも受けとれるのである。

「危機のフィールド学」とその現代的意義

ではこれまでの山口弥一郎に対する評価や議論をふまえつつ、本書で紹介してきた山口の研究の軌跡から私たちは何を考えていくべきであろうか。津波研究者、あるいは地理学と民俗学による東北研究者という従来の山口への評価を越えて、個別の調査活動、研究テーマ、教育実践などから積みあげる形で山口の研究者像を再構築し、そこに学史的な位置づけと現代的な意義を見出すことが必要だろう。

山口が生涯にわたって進めた一連の調査・研究・教育活動から浮かび上がる特徴のひとつは、まず津波災害を端緒とした暮らしの場の危機への視点である。振り返ってみれば、災害・凶作・廃村・戦争・開発・過疎などといった個々の時代において地域社会が直面した困難な状況と、そこから立ち上がる人々の姿に至るまで山口の視野は広がっている。それは『津浪と村』において端的に現れていたといえるが、そこにとどまるものではなく、生涯における取り組み全体に通底する視座であったと言っていい。このことについて山口は後年、選集の月報で以下のように述べている。

どうも津波災害による集落移転の問題といい、凶作廃村の調査、戦後には水力発電開発による第二巻に掲げた南会津郡只見川上流の水没村、田子倉部落の調査といい、現在また会津民俗研究会をつくつて、郷里の民俗調査を進めている構造改善、開発計画地域などで急変する生活、過疎村の民俗など、裏目に出た人々の調査のみ追っている観がしないでもない。これは或は私自身の苦労の生い立ちが成せるわざなのか。それだからこそ、一生を賭しても悔いない心の支えを持ちつづけ得たのであろうとも思ってみる。誰かは果しておかなければならない貴重な仕事とも思いこんでいるわけである。

（山口一九七二d：六-七）

またそうした対象をとらえるにあたって持ち続けていたのは、常に揺れ動き続ける存在としての地域社会へのまなざしである。日本の民俗学が描いてきた固定的なムラの姿が批判されて久しいが、山口は先祖伝来の生活様式が幾世代にもわたって変わらずに継承され、調和のとれた日常として続いていくような静的な存在としてでなく、一言でいえば農村を動態的な存在として見続けていた。炭鉱集落の研究からはじまり、津波被災地や銃後の暮らし、戦後の民主化や地域開発に晒される農山村の姿に至るまで、外からの大きな力や時代的な要請に対して移動や変化、衰退や復興を繰り返す地域や人々の営みを丹念に追い続けたのである。

またもうひとつの特徴を述べるとすれば、それは現場あるいはフィールド主義ということになろう。これは単に現場での調査を大事にするということにとどまらない。山口はとにかくフィールドを歩いた。戦前の三陸における調査に始まり、戦後会津の山村調査に至るまで、交通事情が整う以前の農山漁村を多様な手段を駆使しながら歩き続けて人々の声に耳を傾けた。それは、行政や大学の研究室などの机上で展開する地域への政策や提言に対して、生活が営まれる実際の現場から発言していくことを重視したためである。またそうした姿勢は、教育者として、あるいは先輩研究者として教え子や後進にも伝え続けたものであった。山口にとってのフィールドは調査研究の現場でもあり、また教育実践の現場でもあった。それは大学に籍を置き海外へと目を向けるようになってからも、あるいは晩年に会津に戻ってからも変わらなかったスタンスであったといえる。

さらにいえば、山口の取り組みはフィールドにおける現実の課題に対応する形で展開していたがゆえに、多分に実践的な性格をもつものでもあった。山口が学問の実践性について端的に述べた文章として、昭和三七年に書いた「民俗学の応用価値論」がある（山口一九六二）。そのなかで山口は、「人間の生きる本質、そのものを見つめる研究」である民俗学が「低調」であり「等閑」にふされていることを嘆いている。一方、自身が行ってきた戦前の津波研究や「死胎分離埋葬事件」を無罪に導いた経験、戦後農村における青年団運動や結婚簡素化などの生活改善に対する民俗学的な研究成果の応用などについて紹介したうえで、「生活のない人はなく、生活の探求は生きる心意の探求が最も貴重であるから、民俗学的素養は人間皆がもっていてよい学問である」と主張した。

本書の内容が示すとおり、ここで山口のいう学問の「応用価値」が意味するものは、政策提言や地域での具体的な運動としての展開にとどまらず、学校教育・社会教育を含めた広い意味での教育実践、そして志をともにする後輩研究者や、時にフィールドに暮らす人々自身にも問いかけ、研究や行動を促すという意味での実践といった多彩な性格を含み込んでいる。なかでも学問的営為に生活者自身を巻き込んでいこうとする志向性は、大きな特徴といえるだろう。「災害地の村人に此等の仕事を望んで止まない。村人自身が永い調査研究を遂げるでなかつたら、真の災害救助、村々の振興等遂げられる筈はないと思ふ」と『津浪と村』で述べているように（山口一九四三a）、山口は津波被災地の研究を「村人のため」であると同時に「村人による」ものであることも望んでいた。同様な主張は

『東北の村々』などの他の書物でもみられ、様々なテーマを持った調査においても同じような姿勢が見受けられる。例えば戦後に進めた農村における青年教育などはその典型的な取り組みであるし、会津で暮らす生活者としての女子学生を連れた僻村でのフィールドワークも、そうした実践の延長線上に位置づけられる活動であったといえる。

以上のように、山口の研究者人生をキーワード的に理解するならば、生活の危機へのまなざし、地域社会への動態的な視点、現場主義と実践性といった要素により形成されてきたといえる。それはもはや地理学や民俗学といった特定の専門領域では語ることのできない山口独自の学問的営為であり、本書ではこれを「危機のフィールド学」と表現した。では山口による危機のフィールド学の成果を私たちはどう学ぶべきであろうか。可能性の引き出し方は多分に用意できるであろうが、その第一歩として、まずは山口の仕事への読み方を変えていかなければならない。端的に言えば、先に確認したような東日本大震災以前と以降に展開した、それぞれの山口に対する読み方を分断せずに統合していくことが重要である。つまり、震災以前に着目されてきた津波研究にとどまらない山口の幅広い仕事とそれを実現した多様な立場性にまで視野を広げていくこと、またそのうえで、震災以降に『津浪と村』から論じられてきたような現代的課題を解くための実践的営為として山口の仕事を読むことであろう。本書もそれを目指したひとつの試みではあるが、決して充分とはいえない。山口の実績として拾えていない仕事は他にも数多く存在しているし、またその発展的な継承や応用的実践については今後に委ねられている。山口の仕事を本当の意味で受け継ぎ、その成果を再び現代に蘇らせるのはこれからであり、災害多発時代を生きる我々に課された大きな宿題でもある。

（2）山口のみた東北

辻本侑生

山口弥一郎と「東北」

山口弥一郎は、調査研究の主要なフィールドを東北地方に置いてきた。山口自らも、昭和二八年に「東北地方農村生活研究所」を設立したり、晩年に『東北地方研究の再検討』を出版したりするなど、自身が東北地方の研究者であり、東北地方の暮らしを見つめてきたと自任してきた。山口自身が会津の旧肝煎家出身であることに加え、教員として赴任した磐城地方や岩手県内陸部においても住み込みで調査を行い、東京で大学教員として就職した後も、会津の研究所と東京を行き来し、文字通り生涯にわたり東北地方の研究を継続してきたのである。

ただし、既に近代史の分野で明らかにされてきているように、「東北地方」という名称は、明治期以降、どのエリアを指すかは都度変動してきており、また開発や構造的な差別の対象として、つくられたイメージ上の地域であることには留意が必要である（河西二〇〇一）。山口が「東北」という語を自らの論文タイトルや著作に用いるようになったのは、昭和十八年の『東北の村々』、昭和十九年の『東北の焼畑慣行』など、戦時中である。第二章で述べた通り、山口も研究発表を行っていた人口問題研究会では、「東北地方」は戦時下における人口および食糧の供給地帯として、政策的に注目を集めていった。

もちろん、後世の立場から、戦時下における研究者の営為について一概に判断を下し、批判すべきではないが、山口も自身が会津出身であるというアイデンティティに加えて、「東北地方」を取り巻くマクロな政策や社会経済的な動きを背景として、無意識のうちに「東北」研究者に「なって」いった側面があるのではないだろうか。山口の業績をみると、東北六県を満遍なく調査研究していたというよりは、むしろ福島県と岩手県に関する詳細な地域研究を積み重ねたと評価することもできるだろう。後世の立場からは、山口自身も絡めとられていた「東北」という語から一度自由になり、その業績を読み直していく必要があるとも考えられる。しかし、それでもなお、山口の個人史の上で、「東北」という言葉が極めて重要な意味を持っていたことは間違いないだろう。

以上のような観点から、本書では、山口という一人の研究者・人間の軌跡と、東北地方をめぐる社会経済的背景の交差点を、「山口弥一郎のみた東北」として描き出すことを目指してきた。これは、行政的に定められた範囲としての「東北」でも、特定の社会文化的背景を有する地理的範囲としての「東北」でもない。本書の記述からその一部を列挙するならば、山口が自らの生い立ちからアイデンティティの軸を置いていた会津地方、研究と教育の最初のステップをつくり上げた磐城地方、田中館からの誘いという偶然のなかで関わりつつも強い同情を持ち、博士論文に至るまで関わり続けた三陸地方など、それぞれが、「山口弥一郎のみた東北」なのである。

山口弥一郎から引き継ぐべきこと

過去のフィールドワーカーの営為に着目する意義について、人類学者の清水展は、「かつてそれぞれの時代の喫緊課題に積極的に関わり、発言し、行動していったフィールドワークの先達の足跡をたどり、学び、今を生きる私たちの責務と可能性を探ること」（清水・飯嶋編二〇二〇）にあると述べている。また、民俗学者の小池淳一も、民俗学史研究の目的について、「現在、さらに将来における自己と自己が関わっていくであろう研究領域の対象や方法と不可分にかかわるものでなければならない」（小池二〇〇九）と述べている。清水や小池の指摘を踏まえ、本書の締めくくりとして、「危機のフィールド学」（内山執筆部分参照）と総括できる実践を行ってきた山口弥一郎の営為から、私たちが何を引き継ぐべきなのか、まとめたい。すなわち本書のなかで述べてきた山口の軌跡から、山口が悩んだり立ち向かったりしたこと、山口自身が気づいていなかったであろうこと、解決しえなかったこと等を整理し、それを後世の研究者が、どのように引き継いでいくべきかということを論じていきたい。

まず、山口が研究者でありつつも、生活者・当事者であったという側面に気付きつつも、複数の立場を超えたり、往還したりという部分の強みに意識的になりえなかった点に着目したい。戦前においては民俗学・地理学のいずれの分野においても、高等学校教員をしながら研究を続ける者は少なくなかったが、山口は、職場や身の回りで出会ったこと、時代背景、災害など、様々な対象に反応するように研究対象を広げ、アウトプットをしてきた点が特徴的である。こうしたことから、第六章で述べたように、同一のテーマについて継続的に業績を積み重ねることを求めるアカデミズムの人文地理学からは、研究歴や業績について、否定的な評価を受けることもあった。けれども、同時代のアカデミズムの評価に捉われずに、地道な研究を続けてきたことが、後世に改めてその業績が評価されることにつながっているのである。

ただし、例えば世代の近い民俗学者である山口麻太郎や赤松啓介のように、柳田民俗学に対する明確な対抗姿勢を示すことはなく、本書で示してきたように、山口自身は柳田の示す方向性に忠実であり続けた。また、高等学校在職中も、研究に対する職場の無理解に苦しみつつも、あくまで自身は狭義の「研究者」であるという自意識を有していたと推察される。このことは、第一章で述べた通り、山口がアカデミズムの地理学研究の成果を学んで文検を通過し、アカデミック地理学者に師事していたことからは、納得されることではあるが、第三章で述べられた寄寓・帰郷採録のような生活者・当事者と研究者の立場が絡み合った複雑な立場性で研究を続けたにも関わらず、その後、そうした経験を山口自身が方法的・理論的に昇華することがなかったことは惜しまれる。筆者は、こうした山口の経験に学び、自身をアカデミックな狭義の「研究者」であると立場性を固定するのではなく、当事者・実践者・研究者という異なる立場を往還し、民俗学を実践していく必要性を構想しているところである（辻本二〇二一）。

また、山口は、現実の社会課題の解決を志向しつつも、最終的には学術研究の側面に回収されていった側面も否定できない。例えば、山口が津波に関する学位論文をまとめた昭和三四年の翌年にはチリ地震津波が発生し、山口のもとにも新聞の取材などが来て、対応している。しかし、山口は学術的研究としては昭和三四年時点で津波研究に区切りをつけてしまい、その後も第六章で述べたようにフィールドを再訪したり、新聞の災害関連記事をスクラップしたり、ということは行っていたものの、自身の研究成果を積極的に行政等に持ち込み、防災について警鐘を鳴らすような行動はみられなかった。こうした慎重さは、アカデミックな研究者としては誠実な態度であり、また、山口の場合は第二章で述べたような戦時中の政策的実践への反省として、意図的に戦後は政策への関与に禁欲的になっていたということも考えられる。

本書の記述からは、山口が生涯を通じて地域社会の危機に対する実践的な問題意識を抱き、当事者や実践者といった複数の立場性に立つ萌芽を有しつつも、狭義の「研究者」へと立場性を収斂させていたことがうかがえる。しかし、現実に生じた社会問題に、実直な研究成果を踏まえて対処していくには、時には専門領域や「研究者」という立場性を超えていくことも必要となる。例えば災害が発生した際、それまで災害研究やその地域の研究をしていなかったから、あえて「研究者」として行動を起こさない、というのは現代における「研究者」として誠実な態度ではあろう。それでも、できることがないかもしれないけれども、現実に生じた出来事に身を投じ、巻き込まれていくという方向性もありうると筆者は考える。

そのきっかけは師である田中館の誘いであったとはいえ、山口がそれまで縁のなかった三陸沿岸で発生した津波を受け、現地にフィールドワークに向かい、それ以降二〇年以上にわたって調査研究に取り組んだのは、フィールドから自宅へ送っていた葉書に記されていたような、フィールドで感じた切実さや悲しさ、面白さ、憤りがないまぜになったような感覚があったのではないだろうか。山口の軌跡は、眼前に現れてきた社会課題に対して、否応なく共感し、身を投じ、実践していく研究者のあり方について、我々に考える材料を与えてくれているのである。

参考文献

会津女子高校郷土研究部　一九五二『会津の僻村生活採訪録』（郷土研究部報告第二）
会津女子高等学校郷土研究部　一九五五『田子倉及び尾瀬が原調査録』（郷土研究報告第四輯）
会津女子高等学校郷土研究部　一九五六『会津の古建築及び大塩・檜原・早稲沢部落調査』（郷土研究報告第五輯）
会津民俗館　一九七〇『会津の民俗―会津民俗館と民具―』
会津民俗研究会　一九八三「共同調査 会津高田谷ヶ地の民俗」『会津の民俗』十三、会津民俗研究会
会津若松市　一九七四『川渓―東山ダム建設に伴う水没部落民俗調査報告書―』
会津若松市教育委員会　一九七三『舟子と桑原―大川ダム水没部落民俗調査報告書―』
饗庭伸・青井哲人・池田浩敬・石榑督和・岡村健太郎・木村周平・辻本侑生・山岸剛　二〇一九『津波のあいだ、生きられた村』鹿島出版会
青井哲人　二〇一一「事後のアーカイビング―山口弥一郎に学ぶ―」『建築雑誌』一六二四、日本建築学会
青井哲人　二〇二〇「災害過程と歴史・文化をめぐる基礎論―三陸沿岸の津波被災地の村から考える―」『環境と公害』四九-四、岩波書店
朝倉隆太郎　一九八八「社会科地理教育の40年と展望」『社会科教育論叢』三五、全国社会科教育学会
足立泰紀　二〇一三「総力戦体制化における「農村人口定有」論―『人口政策確立要綱』の人口戦略に関連して―」野田公夫編『日本帝国圏の農林資源開発―「資源化」と総力戦体制の東アジア―（農林資源開発史論Ⅱ）』京都大学出版会

荒井庸一　二〇〇七「柳田民俗学の山脈―高木誠一と磐城民俗研究会をめぐる人びと―」柳田国男研究会編
『柳田国男・同時代史としての「民俗学」』岩田書院
荒俣　宏　一九九一『大東亜科学綺譚』筑摩書房
有賀喜左衛門　一九四〇『南部二戸郡石神村に於ける大家族制度と名子制度』アチックミューゼアム
安藤紫香　一九九四ａ『奥会津の民俗』歴史春秋社
安藤紫香　一九九四ｂ『よべこき―奥会津艶笑譚―』歴史春秋社
五十嵐勇作　一九九〇「山口弥一郎先生八十八年の生涯」『会津の民俗』二〇、会津民俗研究会
五十嵐勇作　二〇〇〇「山口弥一郎先生の逝去を悼む」『福島地理論集』四三、福島地理学会
石井正己・川島秀一編・山口弥一郎著　二〇一一『津浪と村』三弥井書店
石井正己　二〇一二「山口弥一郎の東北地方研究」『震災と語り』三弥井書店
猪苗代町教育委員会　一九八六『楊枝の民俗』
今井豊蔵　一九六四「あのころの青年学級」全国青年学級振興協議会編『青年学級のあゆみと展望』
磐城民俗研究会　一九三八「磐城しんめい資料」『旅と伝説』一一―三、三元社
岩崎敏夫　一九三五ａ「学会消息　磐城民俗研究同志会」『民間伝承』一―二、民間伝承の会
岩崎敏夫　一九三五ｂ「学界消息　磐城民俗研究同志会」『民間伝承』一―三、民間伝承の会
岩崎敏夫　一九三六「学界消息　磐城民俗研究同志会」『民間伝承』二―四、民間伝承の会
岩崎敏夫　一九三七「学界消息　磐城民俗会」『民間伝承』三―二、民間伝承の会
岩崎敏夫　一九三八「学界消息　磐城民俗研究会」『民間伝承』三―五、民間伝承の会
岩崎敏夫　一九四二『磐城昔話集』（柳田国男編・全国昔話記録）三省堂
岩崎敏夫　一九七三『柳田先生と私の細道―東北の民俗文化―』綿正社
岩崎敏夫　一九七六「高木誠一略伝」『日本民俗学体系』七、平凡社
岩崎敏夫　一九九三『民俗調査の細道』綿正社

岩手日報社　一九七六『岩手人名大鑑』昭和堂
植田今日子　二〇一六『存続の岐路に立つむら―ダム・災害・限界集落の先に―』昭和堂
内山大介　二〇二〇「山口弥一郎と柳田民俗学―方法としての「寄寓採録」と「帰郷採録」―」『山口弥一郎旧蔵資料調査報告書』福島県立博物館
大迫徳行　一九七〇「地方別調査研究の現況　福島県」『日本民俗学』七〇、日本民俗学会
大迫徳行　二〇〇三「和田文夫先生を偲んで」『磐城民俗』三三、磐城民俗研究会
岡田俊裕　一九九六「戦中・戦後の小田内通敏」『季刊地理学』四八、東北地理学会
岡村健太郎　二〇一七『「三陸津波」と集落再編―ポスト近代復興に向けて―』鹿島出版会
小澤弘道　二〇二〇「教師・山口弥一郎と学校教育」『山口弥一郎旧蔵資料調査報告書』福島県立博物館
小田内通敏　一九五〇「奥会津開発と朝日村」『季刊東北経済』一、福島大学経済学部東北経済研究所
小田富英編　二〇一九『柳田国男全集　別巻一』筑摩書房
笠井　尚（小河努）　一九九〇「柳田国男ノート　山口弥一郎博士の業績を思う」『会津の民俗』二〇、会津民俗研究会
笠井　尚　二〇一四「東北民俗学と山口弥一郎―柳田の影響と『帰郷採録』の方法論」『季刊日本主義』二五、白陽社
河西英通　二〇〇一『東北―つくられた異境―』中公新書
加藤治郎　一九九〇「山口弥一郎先生と私」『会津の民俗』二〇、会津民俗研究会
川内淳史　二〇一三「東北振興政策と人口問題」浪川健治・河西英通編『グローバル化のなかの日本史像』岩田書院
川島秀一　二〇一一「山口弥一郎の三陸津波研究」石井正己・川島秀一編・山口弥一郎著『津浪と村』三弥井書店
川島秀一　二〇一二『津波のまちに生きて』冨山房インターナショナル

菊地　暁　二〇一二「コメント：フィールド／データ／アウトプット」『科学史研究』第Ⅱ期五一（二六四）、日本科学史学会
木下幸子　一九九〇「私と山口弥一郎先生」『会津の民俗』二〇、会津民俗研究会
倉田一郎　一九三六「紹介と批評 雑誌の部 磐城民俗第一輯」『民間伝承』一－五、民間伝承の会
小池淳一　二〇〇九「民俗学史は挑発する」小池淳一編『民俗学的想像力』せりか書房
後藤総一郎監修・柳田国男研究会編著　一九八八『柳田国男伝 別冊』三一書房
後藤冨美子　一九九〇「私と山口弥一郎先生」『会津の民俗』二〇、会津民俗研究会
佐々木長生　二〇二〇「山口弥一郎の民俗学研究―民俗誌作成の調査ノートから―」『山口弥一郎旧蔵資料調査報告書』福島県立博物館
佐藤由子　一九八八「戦前の文検制度と地理の受験者たち　地理学と地理教育との関係を考える」『地理学評論』六一－七
清水展・飯嶋秀治編　二〇二〇『自前の思想　時代と社会に応答するフィールドワーク』京都大学学術出版会
人口問題研究会編　一九四一『人口・民族・國土（紀元二千六百年記念人口問題全國協議會報告書）』人口問題資料四三－一
杉本　仁　二〇一一『柳田国男と学校教育―教科書をめぐる諸問題―』梟社
鈴木光四郎　一九七二「郷土史研究雑感」いわき市史編さん委員会編『いわき市史付録』二
鈴木由利子　二〇〇九「『出産にともなう民俗』―安藤紫香氏による奥会津の記録―」『福島の民俗』三七、福島県民俗学会
関沢まゆみ　二〇一一「高度経済成長と生活変化―第6展示『現代』のテーマから―」『国立歴史民俗博物館研究報告』一七一、国立歴史民俗博物館

関沢まゆみ　二〇一八「昭和30年代初めのダム建設と集落移転」『国立歴史民俗博物館研究報告』二〇七、国立歴史民俗博物館
竹内啓一　一九八六「実学としての東北研究―地理学と民俗学と 山口弥一郎先生に聞く―」竹内啓一・正井泰夫編『地理学を学ぶ』古今書院
竹内啓一　一九九五「山口弥一郎の地理学」『一橋論叢』一一四―三、日本評論社
只見町　一九八四『湖底に沈む奥会津石伏の歴史と民俗―只見町石伏集落学術総合調査報告―』
只見町教育委員会　一九七一『南会津・只見町過疎部落の民俗―布沢字夕沢・毘沙沢・吉尾・坂田字仲田・梁取字野々沢、蒲生字真奈川―』（会津民俗研究会調査報告）
田中館秀三・山口弥一郎　一九五三『東北地方の経済地理研究』古今書院
辻本侑生　二〇二〇「山口弥一郎の津波調査の方法と社会的文脈」『山口弥一郎旧蔵資料調査報告書』福島県立博物館
辻本侑生　二〇二一「切実さと好奇心の狭間としての民俗学の可能性」『人文×社会』二、『人文×社会』編集委員会
鶴見太郎　二〇〇〇『橋浦泰雄伝―柳田学の大いなる伴走者―』晶文社
東北帝国大学農学研究所　一九四二『農家適正規模實驗部落設計書（第二年度）』（東京大学社会科学研究所所蔵）
中野　泰編　二〇一六『フィールドノート・アーカイブズの基礎的研究』（科研費基盤研究C報告書）
中野　泰　二〇一六「知識人の実践からみる日本社会の『再生』―民俗学者による参与の批判的考察―」伊藤純郎・山澤学編著『破壊と再生の歴史・人類学』筑波大学出版会
夏井芳徳　二〇〇七「『石城北神谷誌』と『磐城北神谷の話』」高木誠一著・夏井芳徳翻刻『石城北神谷誌』雄峰舎
南郷村教育委員会　一九七一『奥会津南郷の民俗』

新鶴村誌編纂委員会　一九五九『奥州会津新鶴村誌』
新鶴村教育委員会編　二〇〇五『新鶴村史「ふるさと新鶴村」』
橋本　武　一九六九『猪苗代湖南民俗誌』
橋本　武　一九七三「山口弥一郎先生と私」『山口弥一郎選集月報』六、世界文庫
磐梯町編　二〇〇七『慧日寺と山岳信仰―東北研究の先達 理学博士山口弥一郎氏―』
福島県編　一九六四『福島県史 第二三巻 民俗1』
福島県編　一九六七『福島県史 第二四巻 民俗2』
福島県教育委員会　一九六六『勿来地方の民俗―新産業都市指定地区民俗資料調査報告書―』
福島県教育委員会　一九六七『安積地方の民俗―新産業都市指定地区民俗資料調査報告書―』
福島県教育委員会　一九六八『いわき鹿島地方の民俗―新産業都市指定地区民俗資料調査報告書―』
福島県教育委員会　一九六九『西会津地方の民俗―振興山村指定地区民俗資料調査報告書―』
福島県教育委員会　一九七〇『西郷地方の民俗―福島県文化財調査報告書第一八集―』
福島県立葵高等学校百周年記念事業実行委員会編　二〇一〇『福島県立葵高等学校百年史』
福田アジオ　一九九〇「共同研究の概要と経過」『国立歴史民俗博物館研究報告』二七、国立歴史民俗博物館
福田アジオ　二〇〇九『日本の民俗学―「野」の学問の二〇〇年―』吉川弘文館
藤田道子　一九九〇「山口弥一郎先生と私」『会津の民俗』二〇、会津民俗研究会
三島町教育委員会　一九九五『会津御蔵入 大石田の民俗』
宮川善造　一九五四「書評　田中館秀三・山口彌一郎　東北地方の経済地理研究」『人文地理』五-六、人文地理学会
宮本常一　一九六〇『忘れられた日本人』未来社

六車由実　二〇〇四「昭和一八年の山口弥一郎の牛房野調査に関して」『東北芸術工科大学東北文化研究センター研究紀要』三（原田信男・鞍田崇編　二〇一一『焼畑の環境学―いま焼畑とは？―』思文閣出版に再録）
安井眞奈美　二〇一四『怪異と身体の民俗学―異界から出産と子育てを問い直す―』せりか書房
柳田国男（竹島国基筆記）　一九三八「郷土研究に就いて」『福島県教育』五四‐一二、福島県教育会（柳田国男　二〇〇三『柳田国男全集』三〇、筑摩書房に再録）
矢野敬一　一九九二「「山村調査」の学史的再検討」『日本民俗学』一九一、日本民俗学会
山口コウ　一九六三『風そよぐみちのくに生きる妻の日記』三和書房
山口大二郎　二〇一二「父」石井正己編『震災と語り』三弥井書店
山口弥一郎　一九二八「地理科受験感想」『文検世界』十四‐一〇、国民教育会
山口弥一郎　一九三一「常磐炭田に於ける炭鉱集落構成」『地学雑誌』四三‐一、東京地学協会
山口弥一郎　一九三二「炭鉱集落移動の位置様式」『地理教育』臨時増刊号、地理教育研究会
山口弥一郎　一九三三「常磐炭田に於ける炭鉱集落と飲料水」『地学雑誌』四五‐八、東京地学協会
山口弥一郎　一九三四「炭鉱民俗誌小稿（一）」『地球』二三‐一
山口弥一郎　一九三八「阿武隈山地に於ける縁故下戻の公有林に依存する山村の経済地理」『地学雑誌』五〇‐五・六・七、東京地学協会
山口弥一郎　一九三九a「磐城地方の『あんば様』資料」『民間伝承』五‐一二、民間伝承の会
山口弥一郎　一九三九b「東北地方の焼畑（其一）」『地学雑誌』五一‐一二、東京地学協会
山口弥一郎　一九四〇「東北地方の焼畑（其二）」『地学雑誌』五二‐一二、東京地学協会
山口弥一郎　一九四一a「農村に於ける死亡状態の一例」人口問題研究会編『人口・民族・國土』上
山口弥一郎　一九四一b「名子制度の地理的分布」人口問題研究会編『東北人口：人口問題東北地方協議会報告書』刀江書院

山口弥一郎　一九四二a「山村に於ける人口移動」人口問題研究会編『人口政策と国土計画』（人口問題資料第五一輯）
山口弥一郎　一九四二b「焼畑耕作に對する反省と高原地開發」『社会政策時報』二五六
山口弥一郎　一九四二c『炭鉱集落』古今書院
山口弥一郎　一九四三a『津浪と村』恒春閣書房
山口弥一郎　一九四三b『東北の村々』恒春閣書房
山口弥一郎　一九四三c『二戸聞書』六人社
山口弥一郎　一九四四『東北の焼畑慣行』恒春閣書房
山口弥一郎　一九四五「岩手の古農法」『新岩手日報』一九四五（昭和二〇）年八月十四日
山口弥一郎　一九四六「山地開発の諸問題」『林業』五‐八、日本林業會
山口弥一郎　一九四七a『東北の食習』河北新報社
山口弥一郎　一九四七b『農村社会生活の行方（農村随想1）』農民社
山口弥一郎　一九四八a『家の問題（農村随想2）』農民社
山口弥一郎編集代表（会津社会科研究会編）　一九四八b『会津地方の生活』共栄図書株式会社
山口弥一郎　一九四九a「衣服資料取扱いの試み」『民間伝承』十三‐五、民間伝承の会
山口弥一郎　一九四九b「伝承と農村生活―社会科教育に対する一私見―」『社会科教育』二一、社会科教育研究社
山口弥一郎　一九五〇a「死胎分離埋葬事件―妊婦葬送儀礼―」『民間伝承』十七‐五、民間伝承の会
山口弥一郎　一九五〇b「民間伝承の実在性―妊婦の死体解剖について―」『福島民報』昭和二五年五月八日
山口弥一郎　一九五三「天明度に於ける津軽大秋の死絶と再興」『社会経済史学』十九‐四・五、社会経済史学会
山口弥一郎　一九五四『農村生活の探求』富民社

山口弥一郎　一九五五『東北民俗誌 会津編』富貴書房
山口弥一郎　一九五八「磐城の郷土研究回顧」『季刊 磐城史談』五-一、磐城史談会
山口弥一郎　一九六〇「津波常習地三陸海岸地域における集落の移動」（博士論文要旨、筑波大学附属中央図書館所蔵）
山口弥一郎　一九六二「民俗学の応用価値論―随筆風に―」『民間伝承』二六-三、民間伝承の会
山口弥一郎　一九六四『集落の構成と機能 集落地理学の基礎的研究』文化書房博文社
山口弥一郎　一九六五『中華人民共和国の地誌』博文社
山口弥一郎　一九六六『地理学概論』文化書房博文社
山口弥一郎　一九六八ａ『日本の地誌』文化書房博文社
山口弥一郎　一九六八ｂ『ただみ川―郷愁への抵抗―』文化書房博文社
山口弥一郎　一九六九「柳田先生の慈愛」『定本柳田国男集月報』十三、筑摩書房
山口弥一郎　一九七〇『東南アジアの地誌』文化書房博文社
山口弥一郎　一九七一ａ「会津の民俗 発刊のことば」『会津の民俗』創刊号、会津民俗研究会
山口弥一郎　一九七一ｂ『民俗学の話―柳田民俗学をつぐもの―』文化書房博文社
山口弥一郎　一九七二ａ『過疎村農民の原像―南奥羽の民俗を追って―』潮出版社
山口弥一郎　一九七二ｂ「著者の思い出」『山口弥一郎選集月報』一、世界文庫
山口弥一郎　一九七二ｃ「研究のあとをふりかえって」『山口弥一郎選集月報』二、世界文庫
山口弥一郎　一九七二ｄ「東北地方研究の心の支え」『山口弥一郎選集月報』四、世界文庫
山口弥一郎　一九七二ｅ『山口弥一郎選集 第六巻（凶作と津波）』世界文庫
山口弥一郎　一九七三ａ『山口弥一郎選集 第七巻（衣・食・住）』世界文庫
山口弥一郎　一九七三ｂ『山口弥一郎選集 第十巻（福島県の民俗芸能）』世界文庫
山口弥一郎　一九七四ａ『古代会津の歴史』講談社

山口弥一郎　一九七四ｂ「民俗誌について」『山口弥一郎選集月報』八、世界文庫
山口弥一郎　一九七四ｃ「東北地方人口問題協議会報告」『山口弥一郎選集　第五巻（生活と機構　下巻）』世界文庫
山口弥一郎　一九七五ａ『山口弥一郎選集　第四巻（寄寓・帰郷採録）』世界文庫
山口弥一郎　一九七五ｂ「寄寓・帰郷採録を回顧して」『山口弥一郎選集月報』九、世界文庫
山口弥一郎　一九七五ｃ「田中館秀三先生の業績を追慕して」田中館秀三業績刊行会編『田中館秀三　業績と追憶』世界文庫
山口弥一郎　一九七六ａ『山口弥一郎選集　第八巻（伝統工芸）』世界文庫
山口弥一郎　一九七六ｂ「帰寓《ママ》・帰郷採録に追いこむまで」『山口弥一郎選集月報』十、世界文庫
山口弥一郎　一九七九「序文—採録追求のゆくえ—」橋本武著『磐梯山南郷の民俗』
山口弥一郎　一九八〇ａ『山口弥一郎選集　第十二巻（東北地方の諸問題）』世界文庫
山口弥一郎　一九八〇ｂ『山口弥一郎選集　別巻一（東北地方研究餘録・東北の地理・小説・随筆）』文化書房博文社
山口弥一郎　一九八一ａ「福島県の民俗学研究の発達と今後の課題」『福島の民俗』九、福島県民俗学会
山口弥一郎　一九八一ｂ「民間信仰研究への一歩」『山口弥一郎選集月報』十三、世界文庫
山口弥一郎　一九八四『体験と民俗学—東北地方の研究と柳田民俗学の実践—』文化書房博文社
山口弥一郎　一九八五『体験と地理学』文化書房博文社
山口弥一郎　一九八六ａ『タクラマカンの旅—「踏査記・シルクロードのストウーパ」補遺—』文化書房博文社
山口弥一郎　一九八六ｂ「シルクロードの特性とその研究展開」『アジア研究』七、創価大学
山口弥一郎　一九八七『卒塔婆の道—シルクロードを伝承した源流を求めて—』文化書房博文社
山口弥一郎　一九八九ａ「私の民俗学方法論構想」『福島の民俗』十七、福島県民俗学会

山口弥一郎　一九八九ｂ「社会科教育と民俗学」日本民俗学会編『民俗学と学校教育』名著出版

山口弥一郎　一九九一ａ『東北地方研究の再検討 天の巻』、文化書房博文社

山口弥一郎　一九九一ｂ『東北地方研究の再検討 地の巻』、文化書房博文社

山口弥一郎　一九九二『東北地方研究の再検討 人の巻』、文化書房博文社

山口弥一郎　一九九三『九十歳の提言—郷土研究より世界文化構成論への筋道—』文化書房博文社

山口弥一郎　一九九五ａ「私の半生②子供時代の遊び相手」『福島民友』一九九五年七月十三日

山口弥一郎　一九九五ｂ「私の半生③沈んだ太陽求め歩く」『福島民友』一九九五年七月十四日

山口弥一郎　一九九五ｃ「私の半生⑤二度まで退学届出す」『福島民友』一九九五年七月十六日

山口弥一郎　一九九五ｄ「私の半生⑨中学卒業順位は末尾」『福島民友』一九九五年七月二〇日

山口弥一郎　一九九五ｅ「私の半生⑩恩師に請われて赴任」『福島民友』一九九五年七月二一日

山口弥一郎　一九九五ｆ「私の半生⑪田中館先生に〝師事〟」『福島民友』一九九五年七月二二日

山口弥一郎　一九九五ｇ「私の半生⑭夫婦相和し平和祈念」『福島民友』一九九五年七月二五日

山口弥一郎　一九九五ｈ「私の半生⑯敗戦の色濃く難渋に」『福島民友』一九九五年七月二七日

山口弥一郎　一九九五ｉ「私の半生㉒仏教の大衆化に一役」『福島民友』一九九五年八月二日

山口弥一郎　一九九五ｊ「私の半生㉛26年に及ぶ在京研究」『福島民友』一九九五年八月十一日

山口弥一郎　一九九五ｋ『郷愁讃歌』文化書房博文社

山下文男　一九八二『哀史三陸大津波』青磁社

渡部つとむ　一九八四『会津民俗の詩』三弥井書店

Takeuchi Keiichi 2000. Yaichiro Yamaguchi and Folklore. in Takeuchi Keiichi. Modern Japanese Geography : An Intellectual History. Kokon Shoin.

参考旧蔵資料

以下の資料はいずれも『山口弥一郎旧蔵資料調査報告書』（福島県立博物館、二〇二〇年）に掲載された旧蔵資料目録の資料番号、資料名から作成した。

一　学問との出会い

1-0005　炭砿聚落　三陸津波
1-0011　〔磐城の郷土研究他〕
1-0114　桧枝岐・田山村調査記録
2-0003　山口弥一郎原稿写 中学生時代 大正十年度学而会雑誌第二十五号 福島県立会津中学校学而会
2-0005　歩兵第65連隊一年現役兵として勤務中の伝記創作
2-0011　地理１９２６ 文検問題解答1～18
2-0012　geography1926 文検問題解答19～40
2-0518　大正十年十二月会津中学五年学而会雑誌コピー 山川健次郎・山崎博士講演要旨
3-0013　昭和四年前後、磐城高女在任中の中央学者との音信・御教示、貴重なもの保存
5-0016　〔手帳〕（昭和十年）
3-0055　民俗研究資料 磐城民俗研究同志会
3-0095　原稿在中
3-0112　磐城古碑伝説 福島県民俗調査資料
3-0115　炭鉱集落
3-0462　民俗学の話 原稿及校正刷在中

コラム１
3-0696　私的回想録
4-0001　柳田先生地名カード写

コラム２
3-0108　下斗米たよさんの話 北の話（二戸聞書）

二　学問研究から現実の問題への対応へ
1-0004　三陸地方ノ津浪ニ依ル集落移動調査
1-0005　炭砿聚落　三陸津波
3-0033　津浪研究資料
3-0034　津浪研究資料
3-0110　東北地方に於ける人口減少村の研究
3-0122　東北の焼畑慣行 原稿
3-0809　凶作廃村の実証的研究 原稿（改稿出版済）

三　戦中・戦後の農村に暮らす
2-0057　雑言録 昭和20年、コウの戦争末期の研究記録
3-0132　おふくでん考・水押調査録原稿
3-0141　農村問題、家の記録原稿
3-0142　昭和二十年終戦当時の陸中稲瀬の寄寓生活
3-0473　陸中民俗誌 精書して他に改稿 用済み原稿 保存のみする

3-0503　会津への帰郷・帰農採録原稿—選集第四巻 昭和五〇年納ム
3-0578　東北研究選集第十巻 民俗芸能・文化 その他雑原稿
3-0727　「昭南島を知っていますか」朝日テレビ、福島テレビなど 田中館先生の業績を語る
5-0027　〔日記〕（昭和二一年）

コラム4
1-0033　内ノ浦実験部落調査　宮城県志田郡鹿島台村内ノ浦

四　学校教育と郷土研究
3-0193　奥会津三條民俗誌
3-0233　大塩・桧原・早稲沢調査

五　文化財の保護と後進の育成
1-0160　福島県大沼郡三島町大石田民俗調査
3-0138　東北地方農村生活研究所設立計画及経営について
3-0255　福島県文化財専門委員会議

コラム6
3-0033　津浪研究資料

六　大学教育と研究の集大成
1-0153　東南アジア調査日記

1-0154　ソ連芸術祭参加・シルクロードの旅
1-0189　シルクロード十字路の旅　アフガニスタン・パキスタンの旅
1-0255　諸原稿執筆覚え書き・雑記帳
1-0261　退京点検旅行記録Ｉ
2-0492　兵庫県南部地震記録（朝日読売福島民報）〔新聞スクラップ〕
2-0493　（続）兵庫県南部地震記録（二）（関東大震災につぐ）〔新聞スクラップ〕
3-0034　津浪研究資料
3-0131　『津浪と村』
3-0602　東北研究選集出版祝賀記録収納
3-0708　郷土研究奨励賞受賞者発表 市民大学講座要旨 昭和村からむし織選定要旨講演
3-0747　みちのく随想録 東北地方の旅記録

コラム7
2-0492　兵庫県南部地震記録（朝日読売福島民報）〔新聞スクラップ〕
2-0493　（続）兵庫県南部地震記録（二）（関東大震災につぐ）〔新聞スクラップ〕

あとがき

私事で恐縮だが、東北地方太平洋沖地震が起こる直前の平成二三年二月、私は現在勤務している福島県立博物館への着任が決まり、当時在籍していた神奈川大学大学院でご指導いただいていた福田アジオ先生（現・国立歴史民俗博物館名誉教授）の研究室に挨拶に行った。そこで山口弥一郎による「私の民俗学方法論構想」と題した手書き原稿のコピーを渡され、この時に私は初めて山口の名を知った。福田先生が国立歴史民俗博物館に勤務されていた時代、共同研究「日本民俗学方法論の研究」を立ち上げ、参加していた研究者が平成元年二月に会津の山口を訪ねた時の特別講義の原稿である。「福島に行くならこの人のことを勉強しなさい」といった趣旨の言葉をかけられたが、その時は「そういう人がいるのか」と思ったくらいで、失礼ながらさほど気にもとめていなかった。

その一か月後に大地震が発生し、津波や原発事故が引き起こされて混乱した福島県に私は学芸員として着任した。震災から三か月後、戦前に刊行された著書『津浪と村』が石井正己・川島秀一両氏によって復刊され、再度山口の名を目にすることになった。この本は、山口が津波研究者として行った業績の再評価につながっただけでなく、過去の災害と人々の営みを考えることが、震災後の現代を生きる私たちに必要であることを強く印象づけた。

さらに平成二四年九月に放映されたＮＨＫの特別番組「日本人は何を考えてきたのか」の第七回「魂のゆくえを見つめて～柳田国男 東北をゆく～」において、川島秀一氏が出演されて山口の仕事を解説され、また福島県磐梯町の磐梯山慧日《えにち》寺資料館に山口のフィールドノートなどの資料が保管されていることが紹介された。当時私は原発事故の避難指示区域において取り残された文化財の救出活動などに従事していたが、番組を見てとっさに、この資料を活用できる形で後世に残さねばならないという衝動に駆られた。以降、町や資料館との協議を重ねて協力を得ながら、その整理作業を勤務する博物館の調査研究事業として立ち上げ、山口が残したノート・写真・手紙・メモなどの膨大な資料と格闘する日々が続いた。

この事業に手弁当で参加してくれたのが、当時筑波大学の学生であった辻本氏である。辻本氏は卒業論文でも山口の業績を扱い、また三陸地域でフィールドワークを行うなど、山口弥一郎の仕事にも造詣が深かった。文書専用の中性紙箱で一〇〇箱にもなる資料をひとつひとつ紐解きながら、互いに議論する時間はとても楽しいものであった。しかし一方で、山口が持っていたあまりにも深淵な知識や経験、現代では想像もつかないような数々のフィールドワークの実践、そしてまさに波乱万丈ともいえる人生と、苦難から何度でも這い上がる不屈の精神に圧倒されながら、私たちの作業は陸地の見えない大海原を当てもなく泳ぐかのごとくであった。

それでも何とか五年ほどで残された資料全体の輪郭をつかむに至り、勤務先でのシンポジウムや報告書の刊行、展覧会「山口弥一郎のみた東北」（令和二年二月八日～四月十二日）の開催へと結実した。特に展示会場では、県内外の親戚筋の方々や山口の教員時代の教え子、さらに研究仲間など多くの方々が訪れてくれた。そこで感じたのは、山口弥一郎という人物のあまりにも多彩なイメージである。特に会津の方々のなかには、「山口先生の授業はいつもとても面白かった」と学生時代の思い出を語るかつての教え子がいたり、「うちにしょっちゅうお酒を飲みに来ていたよ」などとお酒のエピソードを教えてくれる人も多かった。また、「有名な先生とは知っていたけど、津波の研究もしていたの」などと驚く人もいた。会津では以前から名の知れた山口だが、津波被災地の研究者というイメージは地元にはないのである。こうして、手がけた仕事の数だけある山口の多様な「顔」を改めて感じた。

本書はそうした成果をもとにしながら、著者の二人が様々な観点から山口弥一郎について、あるいはその学問の現代的意義について議論しながら書き上げたものである。我々も民俗学や地理学をそれぞれ専攻しているが、新型コロナウィルスの感染拡大により自身のフィールドワークが極端に制限され、推奨されたステイホーム期間を利用して執筆を進めることになった。結果生まれたこの本が、フィールドから始めること、フィールドで考えることの重要性を再認識するものとなったのは皮肉という他ない。

本書を刊行するにあたっては、とても多くの方々のご協力があった。山口弥一郎旧蔵資料の所蔵先である磐梯町と磐梯山慧日寺資料館館長の白岩賢一郎氏には特にお世話になった。山口弥一郎研究の先達である川島秀一氏にはいつも多くのご教示をいただき、また実際に山口のもとで研究者としての研鑽を積まれた佐々木長生氏や小澤弘道氏には、当時のお話を日頃から教えていただいている。会津女子高校郷土研究部の初代部長であった三富八千代氏には、当時のクラブ活動のエピソードをうかがい、資料をご提供いただいた。さらにご子息の山口大二郎氏・大三郎氏・大五郎氏をはじめご親族の方々には、生前の父・山口弥一郎について教えていただいた。また何より、山口が生前多くの著書を世に出した文化書房博文社から本書を刊行できることは、筆者たちの望外の喜びである。鈴木康一社長ならびにご担当の岡野氏には感謝申し上げたい。

東日本大震災から間もなく十一年となる。山口弥一郎が生きていたら、平成二三年の大地震と津波の被害を、そして原子力発電所の事故とその後の日本の状況をどのように見て、語って、行動したであろうか。さらに昨今では毎年のように大地震や水害・土砂災害が各地で発生し、新型コロナウィルスの感染拡大も加わって世の中は大災害時代に突入したといえる。山口は地理学者・竹内啓一からのインタビューの最後に、「思えば、私が苦学しただけでなく人生の苦労をなめてきて、それでも私が生きのびてこれたのは、学問のおかげだと思うんです。だから私は常に『人を助けるために』というほうに目がむいてしまうんですね。」と述べ、これから研究を志す人に対して「人命を救うためとまではいわないまでも、『生きている学問』をしてほしい」と語った。どんな時も地域や人に寄り添うことを決して忘れず、常に現場から課題をみつけ、時に地域の人々自身が自ら学び考えることを促した山口の実践は、今なお色褪せることはない。人文学の存在意義や有効性が問われて久しいが、山口が目指した「生きている学問」はまさに今、必要とされているのかも知れない。

著者を代表して　内山大介

山口弥一郎略年譜

年	年齢	所属・出来事
明治三五	〇	五月 福島県新鶴村の旧肝煎家の長男として誕生
大正六	十五	四月 福島県立会津中学校入学 中学時代は弁論部員として活動し、山川健次郎と山崎直方の講演を筆記
大正十一	二〇	三月 福島県立会津中学校卒業
大正十二	二一	三月 福島県師範学校本科第二部卒業 坂下尋常高等小学校訓導
大正十三	二二	一年間の兵役（歩兵第六五連隊）を終え、坂下尋常高等小学校に復帰
大正十四	二三	十月 福島県立磐城高等女学校教諭（数学科担当）
昭和三	二六	一月 文部省中等学校教員資格検定試験（「文検」）合格 地理科の中等教員免状授与
昭和六	二九	八月 北海道・樺太にて炭鉱集落調査
昭和十	三三	七月 日本民俗学講習会に参加し柳田国男と会う 十二月 初回の三陸津波調査を実施
昭和十二	三五	九月 磐城民俗研究会に柳田国男を迎えて講演「郷土研究に就いて」を聴講
昭和十五	三八	三月 岩手県立黒沢尻中学校教諭（岩谷堂高等女学校教諭・岩手県青年学校教員養成所教官兼任）、黒沢尻町へ転居 福岡村水押にて「寄寓採録」を進める
昭和十九	四二	四月 岩手青年師範学校講師兼任

年	年齢	所属・出来事
昭和二〇	四三	五月 稲瀬村へ転居し「寄寓採録」を実施 六月 岩手県立岩谷堂高等女子学校教頭、岩谷堂町田町へ転居
昭和二一	四四	四月 岩手県立岩谷堂高等女学校退職 新鶴村の生家に帰郷し「帰郷採録」を実施
昭和二二	四五	八月 教職復帰、福島県立会津高等女学校教諭
昭和二三	四六	三月 会津若松市に転居 十一月 会津女子高等学校郷土研究部による東山村二幣地調査
昭和二六	四九	一月 田中館秀三死去、葬儀委員長を務める
昭和二八	五一	八月 会津女子高等学校郷土研究部による奥会津田子倉生活調査 十二月 会津若松市の自宅に「東北地方農村生活研究所」設立
昭和三〇	五三	五月『東北民俗誌 会津編』出版
昭和三一	五四	三月 福島県立会津農林高等学校校長代理
昭和三二	五五	一月 福島県文化財専門委員
昭和三四	五七	一月 河北文化賞受賞
昭和三五	五八	一月 東京文理科大学より理学博士取得（主査・青野壽郎） 三月 福島県立会津農林高等学校退職
昭和三七	六〇	七月 福島県史編纂委員 八月 柳田国男死去
昭和三八	六一	四月 亜細亜大学非常勤講師、東京都武蔵野市に転居

昭和三九	六二	三月『福島県史』二三巻「民俗1」刊行 十一月 福島県文化功労賞受賞
昭和四〇	六三	四月 亜細亜大学教授
昭和四五	六八	五月 会津民俗研究会発足、初代会長に就任 十一月 文化財保護の功績で文化庁長官より表彰、会津民俗研究会による奥会津南郷村の調査
昭和四六	六九	二月 福島県民俗学会発足、顧問に就任
昭和四七	七〇	三月 亜細亜大学定年退職 四月 創価大学教授 五月『山口弥一郎選集 第一巻』刊行
昭和五一	七四	十一月 勲四等端宝章受章
昭和五九	八二	四月 創価大学特任教授
昭和六〇	八三	四月 創価女子短期大学名誉副学長
昭和六一	八四	四月 SGI平和文化賞受賞
平成元	八七	四月 創価大学退職（創価大学名誉教授）、会津若松市に帰郷 八月 紺綬褒章受章
平成七	九三	三月 最後の著書『郷愁讃歌』出版
平成十二	九七	一月 死去

は行

ま行

や行

ら行

わ行

さ行

た行

な行

地名・事項索引

あ行

か行

人名索引

【著者紹介】
内山大介（うちやま・だいすけ）
一九七六年　栃木県生まれ。福島県立博物館主任学芸員。専門は民俗学、博物館学。
共著書に『図解案内 日本の民俗』（吉川弘文館）、『ふくしま再生と歴史・文化遺産』（山川出版社）、『現代民俗学考―郷土研究から世界常民学へ―』（春風社）など。

辻本侑生（つじもと・ゆうき）
一九九二年　神奈川県生まれ。弘前大学地域創生本部地域創生推進室助教。専門は歴史地理学、民俗学。
共著書に『民俗学の思考法』（慶応義塾大学出版会）、『津波のあいだ、生きられた村』（鹿島出版会）。

山口弥一郎のみた東北　津波研究から危機のフィールド学へ

二〇二二年二月一〇日　初版発行

著　者　内山大介・辻本侑生
発行者　鈴木康一
発行所　**株式会社　文化書房博文社**
〒一一二―〇〇一五　東京都文京区目白台一―九―九
電　話　〇三（三九四七）二〇三四
ＦＡＸ　〇三（三九四七）四九七六
振　替　〇〇一八〇―九―八六九五五
URL: http://user.net-web.ne.jp/bunka/

印刷・製本　昭和情報プロセス 株式会社
乱丁・落丁本は、お取り替えいたします。
ISBN978-4-8301-1325-3　C0025